AF391761

Maurice Lefebvre
Olivier Fortier

Le Manuel Pyrate

Comment réveiller le Pyrate en vous
et reprendre le contrôle de votre carrière

Montréal, 2022

Éditions Laurentia
Montréal, Québec
info@laurentia.quebec
www.laurentia.quebec

Le Manuel Pyrate - Comment réveiller le Pyrate en vous et reprendre le contrôle de votre carrière

Première édition, 2022

Publié à Montréal par les Éditions Laurentia

ISBN 978-2-925253-01-3 (1re édition, 2022, couverture rigide)
ISBN 978-2-925253-02-0 (1re édition, 2022, couverture souple)
ISBN 978-2-925253-03-7 (1re édition, 2022, PDF)
ISBN 978-2-925253-04-4 (1re édition, 2022, ePUB)

Dépôt légal : 1er trimestre 2023
Bibliothèque et Archives nationales du Québec
Bibliothèque et Archives Canada

Soyez des Pyrates plutôt que des pirates. Contactez-nous :)

Crédits

Création par Go Pyrate!

Création du contenu
Maurice Lefebvre et Olivier Fortier

Rédaction
Julie Therrien

Sujets et révision
Adrien Isnard, Anders Rojewski, Benoit Grégoire, Cindy Tessier, Dominic Beaubien, Hellau World, Jérôme Lecorbeiller, Magalie P. Nichols, Pierre LeBlanc, Pierre-Maurice Cano, Simon Gaboury, Sophie Lubet, Yann Domalain, Zyad Chouadhi

Édition
Sophie Harvey

Graphiques
Sara Alfonso

Publication par les Éditions Laurentia

Directeur général
Pierre LeBlanc

Coordinatrice des opérations
Annaël Rousseau

Table des matières

Site web de Go Pyrate!
www.gopyrate.com

À propos de *Go Pyrate!*

Go Pyrate! est une émission ayant pour mission de faire évoluer les dynamiques que nous entretenons avec le monde du travail. Des sujets sérieux, dans la bonne humeur, appuyés par des trucs et conseils pratiques immédiatement applicables.

Produite et réalisée par l'organisme à but non-lucratif En Avant Pyrate! Canada, l'émission est animée par Olivier Fortier et Maurice Lefebvre, deux coaches organisationnels d'expérience.

Go Pyrate! est disponible en format vidéo sur YouTube (youtube.com/c/GoPyrate), et en version audio sur toutes les plateformes de balados.

Vous pouvez soutenir l'émission et joindre notre communauté via Patreon (patreon.com/gopyratecanada).

À propos d'*En Avant Pyrate! Canada*

Organisme à but non lucratif situé à Longueuil, En Avant Pyrate! Canada vise à doter employeurs et travailleurs d'une vision résolument moderne du monde du travail, adaptée à un monde de plus en plus fluctuant.

En Avant Pyrate! Canada accompagne entreprises et individus dans leur transformation. L'organisme regroupe une communauté à l'âme Pyrate pour mettre cerveaux et initiatives en commun et ainsi créer un monde où il fait bon travailler.

Vous pouvez contacter *En Avant Pyrate! Canada* via le site www.gopyrate.com

Page LinkedIn de Go Pyrate!
linkedin.com/company/gopyrate

Profil LinkedIn de Maurice Lefebvre
linkedin.com/in/mauricelefebvre

Profil LinkedIn d'Olivier Fortier
linkedin.com/in/ofortier

À propos de *Maurice Lefebvre* et d'*Olivier Fortier*

Maurice Lefebvre est un coach organisationnel, gestionnaire, entrepreneur, historien et futuriste social. Il se spécialise dans la transformation de nos systèmes actuels pour mieux répondre aux besoins émergeants de notre société.

Olivier Fortier est un coach organisationnel, gestionnaire, conférencier et humain professionnel. Il se consacre au développement des gens, les soutenant dans leurs projets et ambitions pour qu'ils puissent atteindre leur potentiel.

Maurice et Olivier peuvent être rejoints via le site de Go Pyrate! au **www.gopyrate.com** ou via le réseau social LinkedIn.

Préface

Il y a quelques années, j'ai rencontré Maurice Lefebvre sur un mandat de coaching Agile pour la même entreprise, chez le même client. J'ai énormément appris de Maurice. Il m'a inspiré à devenir une meilleure version de moi-même. À cette époque, je n'étais pas entièrement satisfait de ma situation. On me traitait comme un coach junior, alors que j'avais une quinzaine d'années d'expérience professionnelle, incluant un passage par l'entreprenariat.

Bien sûr, comme beaucoup de gens, j'ai hésité à bouger. J'ai traîné de la patte. J'ai procrastiné. Je travaillais fort, mais je travaillais pour une boîte, et dans les boîtes, les patrons viennent et repartent. Les reconnaissances sont souvent faibles, voire inexistantes, et avec les changements, la visibilité sur la valeur que l'on apporte est infime. « Tu bougeras quand ça fera assez mal! » m'a un jour lancé Maurice. Mais à ce moment-là, ça ne faisait pas assez mal; j'ai donc continué mon chemin.

J'ai tout de même suivi de loin les aventures de Maurice Lefebvre, puis d'Olivier Fortier et leurs pyrateries, bien avant que Go Pyrate! ne voit le jour. Suite à leur recommandation, j'ai lu plusieurs bouquins et la lecture de « *Be More Pirate* » de Sam Conniff Allende m'a ouvert les yeux. J'ai compris que j'étais moi-même un Pyrate, depuis toujours, et j'ai compris pourquoi je n'étais pas heureux « dans le moule » des organisations par lesquelles je suis passé. Ça m'a convaincu d'essayer de nouvelles choses. Ma façon de concevoir mon avenir a changé. Le statu quo n'était plus une option!

En février 2020, ma décision était prise et la première personne à qui je l'ai annoncée est Maurice. J'ai remis ma démission et j'ai lancé mon entreprise avec mon associé le 3 mars 2020, une dizaine de jours avant le début du confinement au Canada. Aujourd'hui, je dirige une entreprise en santé, avec des collaborateurs merveilleux, et je suis en train de réaliser tous mes rêves les plus fous, les uns après les autres.

Était-ce risqué de quitter son emploi sans filet de sécurité? Bien sûr. Dans tout cela, l'important, c'est de croire en soi, de se trouver une raison d'être et de ne jamais la perdre de vue, d'être audacieux, de se créer sa propre histoire légendaire et de la raconter. C'est ça, l'état d'esprit du Pyrate, et avec cet état d'esprit, rien ne peut vous arrêter… sauf vous-même. Vous êtes la seule personne qui peut véritablement vous saborder.

Avec leur livre *Le Manuel Pyrate - Comment réveiller le Pyrate en vous et reprendre le contrôle de votre carrière*, Maurice et Olivier vous aident à voir votre cheminement de carrière autrement. La lecture de ce livre est le début de VOTRE histoire légendaire.

Pierre LeBlanc, co-fondateur de Kanban Québec

Introduction

Pour David, Ariane et Arnaud,
afin qu'ils apprennent de nos expériences et
n'aient pas à vivre tout ce qu'on a vécu.

Introduction

« C'est comme ça que
le monde fonctionne. »

Vous avez déjà entendu ça, c'est sûr! Qui plus est, cette phrase vous a été servie comme justification à une situation dans laquelle il y avait un gagnant incontestable et un perdant. Et parions que vous n'étiez pas dans le siège du gagnant. Vrai?

C'est une phrase importante, une affirmation très puissante, qui contient en elle-même toute la futilité d'aller à son encontre. Inexorablement, la marée va monter et elle va redescendre. Pourquoi se battre contre ça? C'est comme ça que le monde fonctionne. Retournez dans votre trou, faites-vous à l'idée et soyez patients… Allez, maintenant. Du balai!

À ces boss, nous disons : allez vous faire voir!

Les dés sont pipés, et ce, depuis longtemps.

Que pouvons-nous faire?

Nous connaissons déjà tous la réponse et ce, depuis notre plus jeune âge. Lorsque les règles du jeu sont injustes, il faut changer les règles.

C'est ce que nous faisons.

Le présent ouvrage se veut un outil de référence pour tous ceux qui réalisent que le monde du travail repose sur une éternelle extraction de valeur générale, qui refusent d'en être les victimes et qui n'attendent plus de sauveurs.

Réclamé par nos membres et porté par une campagne de socio-financement en pleine pandémie, il répond à des besoins ponctuels et peut servir tout au long d'une carrière. Ce livre peut se lire de façon classique, mais également dans le désordre, selon les sujets qui vous touchent sur le moment.

Vous serez initié à une multitude de concepts accompagnés de trucs concrets qui vous aideront à faire votre place, augmenter votre impact, amplifier votre influence, catapulter votre leadership et reprendre les rênes de votre carrière.

C'est en plus un guide que nous souhaitons laisser à nos enfants, David, Ariane (Maurice) et Arnaud (Olivier) pour qu'ils puissent s'épanouir dans leur carrière sans avoir à traverser toutes les embûches auxquelles nous avons dû faire face nous-mêmes.

À l'abordage!

Partie 1

Pyratiser son expertise

L'expertise – la pierre angulaire du contrôle de votre destin

Définir l'expertise

L'expertise, contrairement à ce qu'on peut penser, n'est pas une compétence, mais un ensemble de compétences. Lorsque ces compétences interagissent ensemble, elles vous apportent les connaissances nécessaires pour influencer le monde autour de vous. Donc, l'expertise est votre outil ultime pour accomplir votre travail avec succès.

Ne vous en faites pas. L'expertise n'est pas innée; elle se cultive. Ainsi, bien que vous ayez en apparence très peu d'aptitudes pour un domaine, vous avez tout de même la capacité de développer à peu près n'importe quelle expertise. Évidemment, certaines personnes le feront avec plus de facilité que d'autres et certaines expertises demanderont davantage de travail. Peu importe! C'est à votre portée! En effet, l'expertise atteinte dépend des efforts déployés. Plus vous vous investissez et plus vous pratiquez, plus grande deviendra votre expertise. D'ailleurs, « faire » est un élément-clé de l'expertise.

Oui, vous pouvez développer une compétence en étudiant son « exécution » de façon théorique. Cependant, pour devenir un expert, il faut constamment mettre les apprentissages en pratique. Et ça, c'est une bonne nouvelle pour vous! Ça signifie que vous possédez déjà, dans votre boîte à outils, une expertise de base dans un ou plusieurs domaines.

Pensez à toutes ces choses que vous savez faire depuis votre plus tendre enfance. Si vous les mettez en application et que vous les développez, elles ont le potentiel de devenir une expertise. Il est faux de croire que l'expertise se développe uniquement dans le milieu professionnel.

Prenons l'exemple des personnes qui produisent des vidéos sur YouTube pour le plaisir. À force de pratiquer cette activité, c'est assuré, elles deviendront plus adroites. Elles pourraient donc, éventuellement, décider de transformer cette habileté en un atout professionnel.

Parfois, nous sommes contraints d'acquérir des expertises pour lesquelles nous n'avons aucun intérêt. Par la force des choses, nous devenons bons et nous y prenons goût.

Alors, même si vous êtes au début de votre carrière, vous possédez déjà des expertises. Évidemment, elles sont moins éprouvées ou moins nombreuses que celles d'une personne plus expérimentée, mais elles existent. Il est possible que vous n'en ayez pas conscience! Songez, par exemple, à un hobby que vous pratiquez de manière assidue.

N'avez-vous pas développé une expertise particulière en lien avec ce hobby? Sans aucun doute! Prenez le temps d'y réfléchir et faites une liste.

Expertise vs talent

« Oui, mais moi, je ne suis bon dans rien. Je n'ai pas de talent. Je fais quoi? »

Pause! Vous confondez deux concepts : expertise et talent.

L'expertise se développe avec de l'expérience; elle n'est pas innée.

Le talent, quant à lui, est constitué de deux éléments : une affinité naturelle et un entraînement pour l'exploiter. Vous pourriez, par exemple, avoir une affinité naturelle dans un domaine X et faire le choix de ne pas la développer. On ne naît donc pas avec du talent, mais plutôt avec une affinité.

Il y a deux façons de raffiner son affinité naturelle pour faire éclore son talent :

- Développer sa mémoire musculaire en répétant constamment les mêmes gestes.

- Développer ses voies neuronales en réfléchissant et en abordant des problèmes du même genre.

La conduite automobile est un très bon exemple. Personne ne vient au monde avec le talent de la conduite automobile. Il est vrai que certaines personnes ont des dispositions naturelles, comme une meilleure coordination, qui facilitent leur apprentissage. Toutefois, après 10 ans, peu importe le talent initial, l'action en elle-même est devenue un réflexe.

Vous n'avez pas une aptitude naturelle pour un domaine particulier, il est tout à fait possible pour vous de la développer et d'aller au-delà de simple aptitude pour en faire une expertise. C'est à votre portée. Vous devrez tout simplement y mettre les efforts. N'est-ce pas une excellente nouvelle?

Transversalité

Lorsque vous décidez de pyratiser votre expertise, creusez dans toutes les directions. Presque tout ce que vous faites est interconnecté et la plupart des compétences et des talents que vous développerez appartiendront à diverses expertises. Approfondissez des connaissances applicables à d'autres domaines. Par exemple, l'écriture et les mathématiques sont des champs d'activité intéressants, car ils sont utiles dans plusieurs domaines différents.

Alors, quand vous déciderez d'approfondir ou d'acquérir une connaissance, demandez-vous à quoi elle servira et dans quel domaine d'expertise elle s'appliquera. Plus cette connaissance s'applique dans des domaines variés, plus elle conservera sa valeur pour vous à long terme.

C'est le principe des compétences dites « transversales » : des compétences dont l'utilité couvre plusieurs domaines différents. Des notions de leadership, de gestion, de persuasion, de comptabilité, une compréhension des principes de systèmes et d'interconnectivité, la capacité à mettre en oeuvre une expérience contrôlée - ce sont toutes des compétences transversales qui continueront de vous aider, et ce peu importe les potentiels changements de carrières que vous vivrez.

Gardez en tête que le monde entier est un système et que rien n'existe en vase clos. Tout ce que vous faites, tout ce que vous apprenez, tout ce que vous voulez mettre en application sera connecté à de nombreuses autres choses. Développer cette capacité à voir les connexions possibles entre vos diverses compétences est crucial. Les connexions les plus faciles sont dans la transversalité.

Si vous ne devez investir que dans une seule compétence ou un seul talent, choisissez celui qui vous rendra plus polyvalent.

L'expertise en I, T et M

Différents niveaux d'expertise existent. On peut aller chercher des compétences très poussées dans un domaine, des compétences qui sont relativement connexes ou encore plusieurs styles de compétences qui sont connexes. C'est ce qu'on appelle les modèles d'expertise en I, en T et en M.

- **I**   Intense (très spécialisée)
- **T**   Transversale (une expertise + compétences générales)
- **M**   Maîtrise (plusieurs expertises combinées).

Le I fait référence à une expertise très pointue dans un domaine en particulier. C'est le cas, par exemple, des gens qui entreprennent un doctorat. Ils font partie d'un petit pourcentage d'experts mondiaux dans un domaine excessivement spécialisé. Ces personnes sont généralement très en demande… jusqu'à ce que leur expertise devienne obsolète. Bref, dans le modèle en I, on est expert dans une seule chose.

De nombreuses professions demandent le développement d'une expertise très précise, mais évitez de vous limiter. Vous

vous assurerez ainsi de ne pas devenir un outil jetable. Car à partir du moment où les besoins de votre employeur évolueront, si vous n'avez pas préalablement pris le temps d'ouvrir vos horizons, vous deviendrez inutile. Votre expertise pourrait alors se trouver désalignée par rapport aux besoins du marché ou de l'évolution technologique. Comment faire pour éviter d'être prisonnier de son expertise? En allant chercher une expertise en T.

L'expertise en T signifie que vous êtes très bon dans un domaine en particulier, mais que vous explorez aussi des domaines parallèles. Par exemple, vous pouvez être un excellent programmeur Web, mais aussi être habile pour faire de l'assurance qualité et un peu de design. Il n'est pas nécessaire d'être ultra qualifié dans les sphères autres que celle de votre expertise principale. Cependant, si vous atteignez un niveau de connaissance moyen dans ces autres domaines et que vous vous donnez la peine de pratiquer, vous deviendrez de plus en plus compétent et serez de moins en moins en danger d'obsolescence.

En bref, l'expertise en T, c'est une expertise très approfondie dans une sphère en particulier accompagnée de plusieurs autres qui sont davantage générales (compétences transversales) et qui pourront être utiles dans d'autres domaines que le vôtre.

La méthode en M, quant à elle, consiste à posséder, au départ, une très grande expertise dans un domaine précis, mais à acquérir de nombreux autres types d'expertises en développant des compétences connexes. L'expertise en M est celle que vous devriez viser sur le plan professionnel. Nous vous encourageons d'ailleurs à la développer volontairement.

Au début de notre carrière, on possède le plus souvent une expertise en I. Toutefois, à force d'accomplir certaines tâches à répétition, elle évolue graduellement et naturellement vers une expertise en T. Pour atteindre le modèle en M, c'est moins simple. Pour y arriver, vous devrez vous investir comme pour l'acquisition de votre expertise de base. Heureusement, il n'est pas nécessaire d'en développer énormément. L'important est d'en acquérir des différentes qui peuvent être interconnectées.

Afin d'être le plus polyvalent possible, essayez de vous intéresser à des familles d'expertises variées.

Par exemple, si vous êtes un développeur informatique et que vous êtes en mesure de bien maîtriser le langage d'affaires - en plus du langage technique inhérent à votre profession - vous pourriez éventuellement faire évoluer votre carrière vers la gestion,les ventes, le design ou autres.

L'avantage de posséder plusieurs expertises, c'est de vous donner de la latitude quant à votre choix d'évolution professionnelle, y compris un changement de carrière.

Comment développer votre zone de génie

Définir la zone de génie

On entend fréquemment parler de la zone de confort, mais savez-vous ce qu'est la zone de génie? C'est la zone où l'on performe le mieux, et ce, naturellement. On sait qu'on l'a atteinte quand on est heureux d'accomplir ce qu'on fait, qu'on est à notre meilleur, qu'on a un impact sur le monde et qu'on ressent une satisfaction à travailler. Idéalement, cette zone devrait faire partie de celles qui nous permettent de gagner notre vie.

Le concept japonais nommé ikigai saisit bien l'essence de la zone de génie. C'est un heureux mélange de tout ce qui peut nous propulser dans l'ensemble de notre vie. Quand on se trouve au cœur de notre ikigai, c'est qu'on pratique une activité qui nous passionne, qui est à la fois une mission personnelle et une vo-

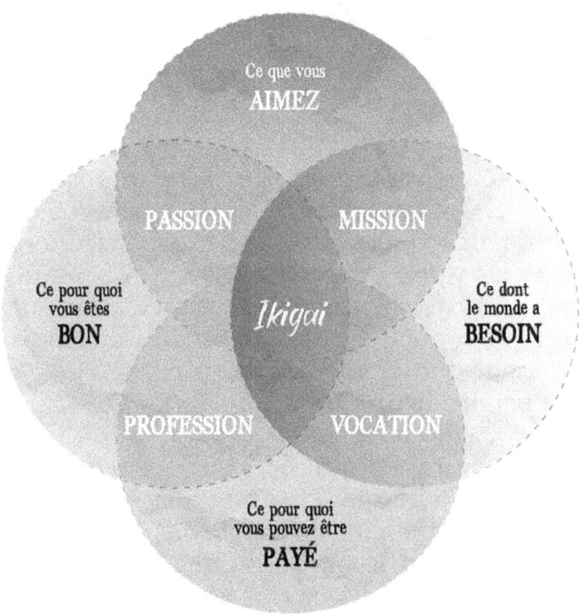

cation et avec laquelle on peut gagner notre vie professionnellement. Vous vous en doutez, c'est complexe. On n'atteint pas notre ikigai du jour au lendemain.

Pour y arriver, il faut réunir ces 4 éléments à la perfection :

- Ce que vous aimez
- Ce dont le monde a besoin
- Ce dans quoi vous êtes bon
- Ce qui vous sert de gagne-pain

Si seulement deux ou trois des points mentionnés ci-haut sont comblés, vous n'avez pas entièrement atteint votre ikigai. Par exemple, si vous pratiquez une activité que vous aimez et dans laquelle vous êtes bon, c'est une passion. Même si vous avez une passion et un talent incroyable pour faire des sculptures avec des allumettes, il y a peu de chance que vous en viviez. Il manque l'élément « gagne-pain » dans l'équation.

Il se peut aussi que vous exerciez un métier que vous n'aimez pas, qui n'a aucun impact dans la société et qui n'est pas en cohésion avec vos valeurs... mais qui est très payant. C'est ce qu'on appelle une profession. D'ailleurs, c'est le cas de la grande majorité des gens : ils travaillent dans le seul but de vivre un peu la fin de semaine.

D'un autre côté, vous occupez peut-être un poste qui a un impact et pour lequel vous êtes payé, mais que vous n'aimez pas vraiment ou dans lequel vous n'êtes pas particulièrement bon. C'est le type d'emploi dont on dit que « ça prend quelqu'un pour le faire ». Alors si vous décidez consciemment de vous sacrifier pour le bien public, c'est une vocation. C'est votre choix, bien sûr, mais ne perdez pas de vue qu'au bout du compte, c'est vous qui en paierez le prix.

Si vous décidez plutôt de combiner ce que vous aimez faire avec ce dont le monde a besoin, c'est une mission. Une mission, ça ne veut pas nécessairement dire que vous êtes la meilleure personne pour accomplir le travail ou que vous avez le talent ou l'expertise pour en vivre. Il est très louable d'avoir une mission, mais selon le principe ikigai, vous n'êtes pas exactement dans la zone où vous devriez vous trouver (la fameuse zone de génie). Heureusement, l'ikigai suivra la courbe de votre évolution, car, oui, vous changerez. Ce dans quoi vous êtes bon, ce qui vous passionne, ce dont le monde a besoin et ce pour quoi vous serez payé va évoluer. Il vous suffira d'être vigilant et de vous assurer que les changements que vous vivrez soient alignés avec votre ikigai.

Déterminer vos 4 catégories d'activité

Approfondissons le concept d'ikigai, ses différentes ramifications et les combinaisons possibles.

Première catégorie : la profession

Jusqu'ici dans votre carrière professionnelle, quelles étaient les activités pour lesquelles vous étiez payé, en plus d'être réellement doué pour les faire? Ces activités étaient des professions. C'est généralement ce que l'on vise dans le travail, être payé pour faire quelque chose dans lequel on est bon. La plupart d'entre nous avons eu une ou plusieurs professions.

Pour plusieurs, c'est assez : ils ne vivent pas pour le travail, ils travaillent pour vivre, et ils sont tout à fait satisfaits d'avoir une profession qui ne leur apporte de quoi vivre. Par contre, il faut savoir que bien des gens ne connaîtront jamais autre chose, étant donné le contexte dans lequel ils vivent. Pour beaucoup, aimer ce qu'on fait, ou offrir au monde ce dont il a réellement besoin tient du privilège. Restez-en conscient : si vous aimez votre travail, s'il apporte du positif dans la société, vous êtes privilégié.

Par contre, si ce n'est pas le cas, ça ne signifie pas que vous devez vous résigner à accepter cette situation.

Deuxième catégorie : la passion

Lorsqu'on aime faire quelque chose, on le fait souvent… et on devient bon. Et être doué pour faire quelque chose qu'on aime, c'est une véritable passion. Une passion n'est pas obligé d'être un travail, ou une source de revenus.

Mais, si vous souhaitez être antifragile et multiplier vos options, une passion est un terreau fertile pour planter des semences. Si vous avez des passions, trouvez un moyen de les monnayer. Vous serez surpris de constater qu'en développant minimalement vos connaissances dans certaines sphères d'activité, plusieurs voies s'offrent à vous. Dites-vous qu'il y a une clientèle pour tout. Vous devez simplement acquérir les compétences nécessaires pour transformer votre passion en activité payante.

Troisième catégorie : la vocation

Faire quelque chose pour le bien public, même si on n'en raffole pas et qu'on n'est pas particulièrement bon, c'est une vocation. On ne le fait donc pas par passion, mais parce que c'est une nécessité.

Les dentistes, par exemple, ne sont pas tous emballés par le fait de jouer dans la bouche des gens. Mais c'est un job stable, payant et… nécessaire. Comme on dit, il faut bien que quelqu'un le fasse!

Quatrième catégorie : la mission

La plupart des besoins évoluent. Il est toutefois possible d'allier un de ces besoins à une activité ou une tâche que vous aimez faire. Ça devient alors une mission. Si vous croyez profondément en quelque chose, vous trouverez une façon de la mettre en application.

Le principe de l'ikigai est de repérer le domaine satisfaisant ces 4 catégories pour vous. Bien sûr, si 3 catégories sur 4 sont réunies, c'est très bien. Cependant, l'objectif ultime est de chercher - et surtout de trouver - la balance entre les 4 catégories. Préparez-vous, car c'est un travail de longue haleine.

Prenez d'abord le temps de bien remplir vos listes, d'analyser ce qu'elles ont en commun et voyez ce qui pourrait être combiné.

Si vous avez des doutes ou que vous vous sentez perdu, présentez vos listes à un professionnel impliqué dans l'un ou l'autre des domaines où se situe votre ikigai. Parfois, un œil extérieur révèlera ce que vous n'aviez pas vu.

Vos valeurs sont importantes

Quoi qu'on en pense, le sujet des valeurs est très pertinent. L'importance qu'on leur accorde, spécialement au travail, est déficiente – ou malléable. On affirme avoir des valeurs fondamentales, « sauf si ». Prenez l'exemple des listes de valeurs en entreprise : initiative, communication, transparence... On les connaît, mais on ne les vit pas. Et il y a des raisons à cela.

Premièrement, par définition, une valeur est « un principe par lequel on vit ». C'est-à-dire que si on ne les incarne pas, ce ne sont pas des valeurs.

Deuxièmement, il est quasi impossible de prendre une décision qui plaise à 10 personnes. Imaginez à quel point il est difficile de faire respecter 10 valeurs... qui ne sont pas les leurs.

Troisièmement, sur papier, les valeurs sont agréables et rassurantes. Par contre, les valeurs d'entreprise sont déterminées de façon très générique pour avoir l'option de les manipuler « au besoin ». À la moindre crise, les haut-dirigeants d'entreprise en font fi.

Il en va de même dans notre vie personnelle. On peut avoir une valeur profonde d'honnêteté et s'y tenir à 100 % jusqu'au jour où on sentira le besoin de mentir.

En déterminant quelles sont vos valeurs réelles, vous pourrez vous laisser guider par elles. Chacune de vos décisions ou de vos actions sera alors mesurée à l'une de ces valeurs. Si, par exemple, vous aviez un problème avec 3 pistes de solution, vous seriez à même d'en éliminer ou d'identifier rapidement la meilleure en vous fiant à vos valeurs.

Comment reconnaît-on une vraie valeur? À la douleur que l'on ressent lorsqu'on agit à son encontre. Dans les faits, ça devrait être viscéralement impossible d'agir contre vos valeurs. Une vraie valeur vous rend inflexible, car elle est primordiale pour vous. Les valeurs s'appuient sur les fondements de ce que vous êtes. Elles ne sont pas nombreuses; vous en avez tout au plus 3 ou 4.

Faire sa boussole Pyrate

Maintenant que vous avez bien compris qu'on ne peut pas laisser nos vraies valeurs être piétinées, nous abordons le concept de la boussole Pyrate.

La boussole sert à visualiser concrètement les valeurs que vous avez préalablement listées. Elle vous aidera à définir qui vous êtes réellement.

Votre boussole est un outil narratif visuel, un support, qui vous aide à :

- mieux vous comprendre
- expliquer qui vous êtes
- exprimer les raisons de vos agissements
- communiquer plus aisément ce qui vous anime et ce en quoi vous croyez

La technique à suivre pour monter sa boussole Pyrate est très spécifique et dépasse le cadre du présent ouvrage. Visitez le site web de Go Pyrate! à www.gopyrate.com pour plus de détails ou visionnez l'épisode no. 41 de notre émission, intitulé « Maintenez votre cap grâce à la boussole pyrate ». L'épisode est disponible sur toutes les plateformes majeures de balados ou en vidéo sur YouTube.

Le Coffre du Pyrate présente:
La boussole Pyrate
tinyurl.com/boussolepyrate

Maintenez votre cap grâce à la boussole pyrate
Go Pyrate!, Le Podcast #41
youtube.com/watch?v=CdtTEYoKX0k

Choisir son domaine d'expertise

Le futur, c'est l'antifragilité

On le répète, prendre le temps de bien choisir son domaine d'expertise est important. Après tout, la grande majorité d'entre nous serons plutôt stables et ne changeront pas souvent d'activité professionnelle. Or, on vit aujourd'hui dans un environnement où tout va vite, où les changements sont imprévisibles et le taux d'incertitude élevé. Il est important d'avoir la capacité de s'adapter. Comment? En choisissant un ou des domaines d'expertise qui vous rendront antifragile.

Qu'est-ce que l'antifragilité? Si le chaos dans lequel vous vivez brise votre système (c'est-à-dire vous, votre carrière, votre organisation, etc.), vous devriez être « résilient ». C'est ce que beaucoup de gens pensent. Or, Nicolas Taleb, dans son livre *Antifragile : things that gain from disorder*, a poussé la réflexion plus loin. Selon lui, on devrait parler d'antifragilité plutôt que de résilience. L'incertitude, l'imprévu et l'émergence, si nous y sommes ouverts, sont des sources d'opportunités qui peuvent nous rendre plus forts. Si nous sommes rarement confrontés à ces événements, c'est là qu'ils deviennent nuisibles. Ils créent de la peur et la peur masque notre capacité à voir les opportunités en plus de freiner nos actions. Elle nous fait manquer ces fenêtres d'opportunité qui sont parfois bien petites. Conclusion? Le chaos est essentiel.

En effet, une période statique ne vous donne pas l'occasion de développer de nouvelles compétences ou des nouveaux points de vue. Pourquoi? Tout simplement parce que le besoin est inexistant. Cependant, si vous œuvrez dans un contexte mouvementé et en changement continu, vous constaterez que certaines personnes évoluent extrêmement rapidement. Peu importe où le changement les mène, elles auront toujours une longueur d'avance. Elles auront déjà développé les bonnes attitudes pour prévoir le changement et bien réagir. C'est ça, être antifragile.

L'antifragilité s'insère dans la théorie des systèmes. Il existe 4 sortes de systèmes :

1. Le système fragile

Le système fragile est excessivement optimisé pour accomplir - magnifiquement bien - une seule chose. Alors si le chaos s'y insère, le système sera en grande partie détruit. Pensez à une voiture de course, par exemple. Elle est très performante dans un environnement contrôlé : la piste de course. Par contre, si vous la conduisez sur une plage, il ne suffira que de quelques secondes pour que le sable la bousille complètement.

Attention! C'est n'est pas un mauvais système, mais il n'est utile que dans des situations précises, où le contexte est stable et où la performance est primordiale.

2. Le système résistant

Le système résistant est à l'image du bunker. Il est construit dans le but de se cacher et de survivre advenant une attaque nucléaire . Il n'est pas indestructible pour autant. Tout finit par perdre de l'efficacité.

Sa raison d'être est de pouvoir traverser une période de chaos et s'en sortir indemne. Or, traverser une tempête sans égratignure ne nous pousse pas à changer et à évoluer. Au contraire, on retrouve rapidement le confort de la situation d'avant. C'est d'ailleurs sa plus grande faiblesse. La transformation vient du chaos, pas du statu quo.

3. Le système résilient

Bien qu'ils soient affectés par le chaos, certains systèmes retourneront à leur état initial une fois l'épisode chaotique passé. Par exemple, une personne qui perd son boulot peut se dire résiliente et tout de même retrouver sa zone de confort dès son arrivée dans un nouvel emploi. La situation l'aura ébranlée pendant une période de temps, mais elle n'aura pas saisi l'occasion d'évoluer en faisant face aux conséquences du chaos. Le système résilient est à l'image de l'arbre qui plie par grands vents et qui reprend ensuite sa forme initiale.

C'est un bon système qui peut perdurer, mais qui ne génère ni évolution, ni adaptation.

4. Le système antifragile

Vous serez peut-être surpris de l'apprendre, mais le chaos est essentiel dans nos vies; il nous permet de nous renforcer. Comment? En créant des occasions de s'améliorer. On ne court pas un marathon du jour au lendemain si on est très sédentaire. Ça pourrait être très dangereux. Cependant, si on se met à courir de manière graduelle, en augmentant peu à peu sa distance et son rythme, non seulement notre système s'améliorera, mais il aura besoin de défis supplémentaires.

Le système antifragile n'est pas le meilleur parce qu'il est infaillible, mais parce qu'il est évolutif. Dans les faits, il est plus fragile qu'un système résistant ou résilient. Il réagit comme un muscle. Cessez de l'entraîner et de le soumettre au stress et il risque de dépérir. Pourquoi? Parce qu'il est conçu pour s'améliorer constamment.

Au cœur du concept d'antifragilité, il y a les choix. Il est préférable d'avoir 3 ou 4 choix devant soi plutôt qu'un seul. Évidemment, en période de chaos, des décisions doivent être prises. Plusieurs options disparaîtront naturellement, de façon incontrôlable. Cependant, parce que vous aurez misé sur plusieurs choix, vous vous en sortirez beaucoup mieux que d'autres.

C'est la même chose avec la prise de risque. En faisant de petites expériences contrôlées, vous ouvrirez la porte à une multitude de possibilités. Vous en constaterez les avantages et vous aurez envie d'augmenter le niveau à chaque fois. Bien sûr, les expériences ne donnent pas toujours les résultats escomptés, mais il suffit qu'une ou deux fonctionnent pour que ça vaille la peine et que vous vous retrouviez devant un éventail de nouvelles options.

Lorsque vous désirez être antifragile, définissez les options qui vous conviendraient et où elles pourraient vous mener. L'idéal est d'en avoir un maximum et qu'elles soient très variées. Par exemple, si vous choisissez votre carrière en vue de travailler pour une entreprise précise, que ferez-vous si elle disparaît? Qu'arrivera-t-il si le domaine d'expertise que vous convoitez devient obsolète?

Comment faire vos choix? Misez sur ce qui vous rendra plus polyvalent. C'est la meilleure façon de multiplier les options qui s'offrent à vous.

Un domaine flexible

Pour bien choisir son expertise, il est primordial de comprendre les différents types de domaines.

Un domaine d'expertise flexible signifie que le contexte de travail sera appelé à changer au fil des années. Alors, si vous souhaitez vous investir corps et âme pour développer une expertise dans un certain domaine, assurez-vous d'abord que ce domaine soit flexible, utile dans plusieurs contextes.

Le développement logiciel en est un bon exemple. De nos jours, très rares sont les industries qui n'en ont pas besoin. Donc, un développeur peut travailler pour presque n'importe quelle compagnie. C'est la même chose pour le marketing. Toutes les entreprises se battent pour l'attention des consommateurs. Ce type d'expertise est donc extrêmement flexible. C'est un marché insatiable.

Lorsque vous entamez le processus de sélection, explorez d'abord les domaines flexibles. Posez-vous cette question : « Est-ce que le domaine que je choisis est assez flexible pour que je puisse toujours avoir du travail, même si la conjoncture change complètement? »

Un domaine connecté

Un domaine d'expertise connecté est plutôt fixe , et ce, peu importe l'industrie où on l'exerce. Le marketing, par exemple, est un domaine qui est non seulement flexible, mais qui est aussi connecté. Il sera toujours en demande, et ce, dans n'importe quel type d'industrie.

La comptabilité, elle, est très connectée, mais peu flexible. Elle est pratiquée à peu près de la même façon partout. Il n'y a pas de réelle évolution. Ça signifie que vous pourrez transposer vos compétences d'une industrie à une autre sans avoir à vous adapter. Les connaissances et les compétences requises ne changent pas.

Au départ, ces domaines requièrent des efforts plus soutenus pour en comprendre les fondements et le fonctionnement, mais une fois les principes intégrés, vous n'aurez pas à vous réadapter et à réapprendre sans cesse de nouvelles méthodes. Évidemment, il importe de rester ouvert aux nouvelles informations et de garder vos compétences à jour. Cependant, la base de votre expertise restera la même.

Si un ou quelques-uns de vos domaines de prédilection sont à la fois flexibles et connectés, portez-leur une attention particulière. Ils pourraient tracer la voie vers un avenir antifragile.

Un domaine dynamique

Une technologie peut sembler n'avoir aucune limite,mais à un certain moment, elle cessera d'évoluer et sera remplacée par autre chose. Rappelez-vous les lecteurs de cassettes VHS. Cette technologie s'est améliorée jusqu'à son apogée, avant d'être simplement remplacée par le DVD. Et aujourd'hui encore, quelque part, existe le meilleur réparateur de lecteur VHS au monde. Souhaitons qu'il ait su se réinventer.

Un domaine dynamique est celui qui évoluera et saura rester

pertinent au fil du temps. Contrairement au domaine connecté, le domaine dynamique exige d'apprendre sans arrêt pour vous maintenir à niveau puisqu'il est en constant changement. Vous devez pouvoir vous adapter à un monde en mouvement.

Ikigai + valeurs = votre domaine idéal

Maintenant que vous connaissez bien les 3 domaines d'expertise, il est temps de les amalgamer avec l'ikigai et les valeurs.

Le ou les domaines idéaux pour vous se situent à la croisée d'un diagramme de Venn qui inclut:

- vos compétences
- vos talents
- vos intérêts
- votre boussole (vos valeurs)
- ce dont le monde pourra avoir besoin dans le futur
- une source de revenus à court et long terme

Attention! Ce n'est pas simple. Vos compétences et vos talents recoupent probablement certains de ces éléments, mais pas tous. L'objectif de cet exercice est d'identifier 3 ou 4 domaines d'expertise dont les éléments soient transversaux pour faire le bon choix. Si des compétences se répètent à travers vos 3 domaines potentiels, développez celles-ci en priorité. Demandez-vous ensuite s'il est possible de bâtir une expertise qui vous permettra de naviguer dans ces 3 domaines. Si la réponse est oui, c'est que vous avez trouvé.

Admettons qu'un de vos domaines d'expertise potentiels inclut tous les aspects dont nous avons parlé précédemment; c'est probablement le domaine idéal pour vous. Attention aux pièges! Assurez-vous de conserver votre place sur le marché, même si le domaine évolue. Évidemment, personne ne peut prédire l'avenir parfaitement. Gardez un as dans votre manche. Ayez toujours en tête 2 ou 3 domaines en guise d'option en cas de changement. Soyez antifragile, peu importe ce que le futur vous réserve.

Vaincre son syndrome de l'imposteur

Le syndrome de l'imposteur, c'est normal

Le syndrome de l'imposteur, c'est un mélange d'anxiété et de manque de confiance en soi. À peu près tout le monde va le ressentir à un moment ou à un autre de sa vie et c'est normal.

Peu importe notre rang, notre âge, notre niveau d'expertise, nous nous retrouverons tous, un jour, confrontés à une situation inconnue ou qui dépasse nos compétences ou nos apprentissages. Ce décalage fait naître un petit doute maladif en nous. Il peut soit être généralisé, soit être concentré sur un aspect en particulier de notre vie. On se met alors à nier tout accomplissement personnel qui y est relié. On explique nos succès par la chance, par exemple. On attribue le crédit de nos réussites à des sources externes. On s'imagine même qu'on sera « démasqué », et que le jour où quelqu'un se rendra compte qu'on a réussi uniquement par chance, ce sera la fin pour nous.

Pour éviter la douleur du syndrome de l'imposteur, ceux qui en souffrent se réfugient dans leur zone de confort. Dans cet espace, on est performant et on peut expliquer nos réussites. On se sent en sécurité. À un niveau extrême, on peut s'autosaboter et complètement annihiler sa carrière parce qu'on doute. Ça en devient maladif.

Apprendre en continu par l'expérimentation

On ne peut pas se débarrasser complètement du syndrome de l'imposteur. Il faut l'apprivoiser. Le premier truc, c'est d'en faire votre ami et de faire en sorte qu'il soit à votre service. Comment? En apprenant en continu et en expérimentant, ce qui élargira votre zone de confort. Le syndrome de l'imposteur continuera d'exister, mais plus votre zone de confort sera grande, plus vous retarderez le moment où il se pointera. C'est un peu comme explorer un lac qu'on ne connaît pas. Il faut avancer à petits pas. On avance, mais pas trop vite, pour ne pas tomber dans une fosse sans avertissement.

Osez essayer des choses, mais allez-y de façon réfléchie. Ayez un objectif et une zone sécuritaire dans laquelle vous voulez le tester. Ensuite, allez-y graduellement. Visez une amélioration progressive. En voulant aller trop vite, vous prendrez des risques que vous ne serez pas en mesure de contrôler.

Il n'est pas essentiel de tout savoir avant de vous lancer. « Ne pas savoir comment » n'est pas une excuse valable, car c'est passant à l'acte que vous réussirez.

Essayez d'abord de créer des opportunités dont vous contrôlez les paramètres, surtout si la situation a des chances de faire surgir votre syndrome de l'imposteur. Par exemple, si vous avez une présentation à faire dans votre entreprise, choisissez le moment et la durée. Vous gagnerez déjà plus d'emprise sur la tâche à effectuer. Contrôlez au maximum votre environnement. N'attendez pas que la vie vous l'impose.

Si vous êtes entourés de gens qui ont un grand bagage de connaissances, alliez-vous à eux. Vous n'êtes pas obligé de faire cavalier seul. Capitalisez sur l'expérience, l'expertise et l'intelligence des personnes que vous côtoyez. Demandez-leur conseil. C'est une excellente façon d'apprendre les meilleures méthodes.

Les gens disent souvent qu'ils n'ont pas l'expérience pour faire telle ou telle chose. Sachez que l'expérience n'est pas toujours nécessaire. Parfois, en établissant certains paramètres, vous pourrez aborder les situations nouvelles avec des sujets ou des approches qui vous sont propres et qui ont déjà fonctionné pour vous.

Prenez le cas d'Olivier. Après avoir accepté de donner sa première conférence devant une centaine de personnes, il s'est tout de suite dit : « Qu'ai-je fait? Je n'ai pas assez d'expérience! ».

Son syndrome de l'imposteur s'est activé immédiatement. Pour le contrer, il s'est d'abord demandé : « Comment puis-je faire pour avoir ma place parmi des experts qui ont 20 ans d'expérience de plus que moi? » Il a alors pris la décision de parler de sa propre expérience. Comme elle est unique, personne ne pouvait la remettre en question.

Ensuite, il a demandé à son patron de venir parler avec lui à la conférence (il en avait déjà fait, c'était sécurisant). Ce dernier a accepté.

En résumé, quand son syndrome de l'imposteur a pris le dessus, Olivier a mis en application les deux trucs qu'on vous propose :

- Prendre le contrôle des paramètres.
- S'associer à une personne plus expérimentée que lui pour utiliser son bagage.

Au bout du compte, la conférence a été tellement appréciée que plusieurs personnes sont venues discuter après l'événement.

Apprivoiser l'émergence

Le syndrome de l'imposteur se déclenche lorsqu'on fait face à des imprévus ou à des situations qui mettent en évidence notre manque d'expérience. Or, en acceptant l'impermanence, on devient capable d'apprivoiser l'émergence.

Ne vous battez pas contre l'émergence parce qu'il est impossible de l'arrêter ou même de la ralentir. Pour réussir à l'apprivoiser correctement, vous devez comprendre où vous en êtes, ce dont vous avez besoin et ce qui peut changer. Comprenez la racine de vos besoins. Par exemple, vous n'avez pas réellement besoin d'un emploi permanent; vous avez besoin d'assez d'argent pour bien faire vivre votre famille. À partir du moment où vous avez identifié votre besoin réel, vous pourrez trouver différentes façons de le combler, même si un changement survient (comme une perte d'emploi).

On n'a pas une grande quantité de besoins réels. Par contre, il faut se donner la peine de bien les définir, car ils sont primordiaux.

Pour les autres besoins d'importance relative, restez à l'affût des opportunités.

Les opportunités se présentent de deux manières :

- Par des événements contrôlés ou auxquels vous participez.
- Par des changements souhaités ou non.

En demeurant à l'affût des opportunités, vous pourrez choisir ce que vous désirez et prendre délibérément le contrôle, plutôt que de vous laisser entraîner.

Soyons honnête, les gens qui s'emmitouflent dans leur zone de confort laissent volontairement passer de bonnes occasions par leur inertie. En choisissant d'être activement à la recherche d'inconfort, vous agrandissez votre zone de confort et vous êtes mieux armé face au changement.

3 maximes à mettre en pratique

Voici 3 maximes importantes à garder en tête quand votre syndrome de l'imposteur vient vous visiter.

Connais-toi toi-même

Faites l'inventaire de vos forces, de vos faiblesses et de vos acquis de façon réaliste. Comprendre les paramètres du contexte dans lequel vous vivez et ce dont vous avez besoin vous permettra d'affronter différentes situations avec confiance. Cela vous aidera également à rester humble et pragmatique quand vous serez placé dans une situation qui montre vos faiblesses. En bref, faites preuve d'introspection.

Ne tombe pas dans l'excès

Ça ne veut pas dire de toujours prendre la voie du juste milieu, de ne jamais rien essayer et de rester tranquille dans son trou. Oui, osez et sortez de votre zone de confort, mais ne mettez jamais tous vos œufs dans le même panier. Essayez d'être raisonnable et de toujours avoir un plan B, voire un plan C.

Une multitude de petites expériences contrôlées valent mieux qu'un grand risque inconsidéré.

La certitude mène à la ruine

La personne la plus dangereuse dans n'importe quelle organisation, c'est celle qui sait. Pourquoi? Parce qu'elle ne se posera pas de question, ni sur le contexte, ni sur ses connaissances. Elle aura perdu la capacité de douter, ce qui est extrêmement hasardeux. Prenez régulièrement le temps d'analyser vos acquis. Sont-ils encore adaptés à votre situation?. Pratiquez le doute.

Développer son expertise de carrière rapidement

Gains rapides et maîtrise profonde

Si on veut développer une expertise forte, il faut maîtriser son sujet. Cela demande beaucoup de temps. Nous vous proposons plutôt des gains rapides. Utilisez une compétence dès qu'elle vous permet d'accomplir quelque chose. De cette façon, vous développerez votre expertise de façon progressive. Premièrement, déterminez des paliers pour chacune des expertises que vous désirez acquérir. Ensuite, établissez un plan d'action et finalement, prenez le contrôle de votre développement.

Vous devez d'abord diviser le domaine d'expertise choisi en plusieurs paliers. À quoi correspond un palier? C'est un ensemble de compétences, d'expertises et d'expériences. Vous commencerez au bas de l'escalier et chaque fois que vous atteindrez un palier, vous serez aptes à prendre de nouvelles responsabilités et à opérer à ce niveau autrefois inédit.

Planifiez votre apprentissage pour atteindre les paliers que vous aurez déterminés. Mettez l'accent sur ce que vous devez apprendre et vivre pour passer au niveau suivant. Parfois, les progressions sont linéaires, d'autres fois non. D'ordinaire, elles se construisent en se basant sur le palier précédent. Chaque palier doit être opérationnel, indépendamment des autres. À chaque étape, vous aurez le contrôle sur vos objectifs et une vision claire des paliers précédents.
À partir du moment où vous agirez de manière plus instinctive dans votre évolution, ce sera votre indice pour passer au palier suivant.

Gagner de l'expérience par les défis délibérés

Gagner de l'expérience, ça demande du temps et de la pratique. Pour pouvoir gérer délibérément votre développement, donnez-vous constamment des défis. Chaque nouveau défi doit être plus complexe que le précédent, vous apprendre quelque chose de nouveau et vous permettre d'utiliser vos compétences de façon différente.

Cependant, contrôlez la fréquence de vos défis. Dans le cas contraire, vous attendriez peut-être des semaines, des mois ou des années avant de relever votre prochain défi. Vous risquez de prendre la mauvaise habitude de toujours faire la même chose, de la faire de la même façon et de stagner. Évidemment, ça demande de la discipline et des efforts. Pour vous aider, rendez vos exercices ludiques. Il y a toujours moyen de rendre nos tâches ou obligations plus plaisantes. Par contre, si malgré tous vos efforts, vous procrastinez, c'est peut-être que l'expertise que vous avez choisie ne vous passionne pas autant que vous ne le pensiez. Changez pour une expertise qui vous convient mieux.

Évidemment, la technique des défis délibérés ne remplace pas l'expérience à long terme. Par contre, votre développement à long terme sera plus riche que celui de quelqu'un qui ne prend pas le temps de se développer à court terme par la méthode des défis, par exemple. Les apprentissages à court terme vous offriront rapidement de nouvelles options de mise en pratique et vous garderont motivé.

Partager son expertise

Enseigner, c'est la meilleure façon pour apprendre. D'abord, ça permet de répéter et recontextualiser votre expertise. Aussi, ça vous expose à des opinions, des points de vue, du vécu ou des situations différentes des vôtres. Les personnes à qui vous enseignerez viendront avec leurs propres expériences. Ça vous forcera à réexaminer votre expertise et la façon dont vous pourrez l'appliquer.

Pas besoin de tout connaître d'un sujet pour l'enseigner. Il suffit d'être meilleur que votre élève et d'amener votre élève à apprendre quelque chose de nouveau. Même si vous êtes en début de carrière, vous pouvez enseigner à quelqu'un d'autre.

Soyez honnête avec la personne à qui vous enseignez quant à votre niveau de connaissance. Si vous n'avez pas toutes les réponses, admettez-le. Vous en tirerez tous les deux des bénéfices. Enseignez de façon humble. Ça vous forcera à être à l'écoute et à explorer de nouveaux contextes que vous ne maîtrisez pas.

Partie 2

Pyratiser son impact

L'impact, votre raison de passer à l'action

Définir la valeur et l'impact

Tout travail n'est pas équivalent. Alors qu'il est normal en entreprise de mesurer le volume de travail, il est rare qu'on porte attention à la valeur et à l'impact dudit travail. Bref, il serait plus important d'accomplir beaucoup de choses inutiles plutôt qu'une petite quantité de choses utiles à l'entreprise.

Cette définition de la productivité n'a aucun sens.

En redéfinissant la productivité de « quantité de travail » à « travail ayant un impact mesurable et significatif », les priorités changent complètement. Et notre relation avec le travail aussi. Soudainement, chacun de nos efforts comptent et nous passons à l'action en ayant conscience des gains potentiels. Nous agissons en fonction de la valeur et de l'impact.

La valeur

Une valeur, c'est le pourquoi on fait les choses. On agit toujours pour une raison, mais cette raison n'est pas nécessairement valable à tout coup. Ça devrait être plus pertinent que de se tenir occupé ou de répondre à une demande sans réfléchir.

Il y a trois grandes raisons valables pour porter action.

1. L'activité rapporte un avantage concret

La première raison valable pour faire une activité, c'est d'obtenir un bénéfice concret. Ça semble évident, mais pourtant, plusieurs tâches quotidiennes n'apportent en fait aucun bénéfice réel. On les fait par habitude, pour des raisons bureaucratiques, ou parce qu'elles ont été demandées. Prenez le temps d'identifier le gain concret lié à l'accomplissement d'une tâche ou d'une activité avant de la commencer. Si ce gain n'est pas aisément identifiable, la tâche devrait être contestée jusqu'à ce que cet avantage devienne clair. Puis, la tâche devrait être priorisée selon la qualité de ce gain, un gain important ayant plus de valeur qu'un gain marginal. Cet avantage devrait également être mesurable, pour pouvoir comprendre son impact.

2. L'activité permet d'avancer

Les activités n'apportent pas toutes un gain direct. Certaines généreront de la valeur ultérieurement. Les activités préparatoires, la mise en place d'infrastructures, la diminution d'une dette technique ou la création d'outils pour faciliter le travail apportent une valeur non négligeable. Ces activateurs constituent des clés pour faciliter et accélérer la génération de valeur et deviennent les pierres d'assises sur lesquelles il sera plus aisé de bâtir un système cohérent.

3. L'activité engendre une évolution

Beaucoup d'activités apportent un changement ou une transformation, mais elles ne sont pas pour autant productives. En entreprise, l'adoption de nouvelles techniques de travail ou d'outils a souvent plus à voir avec la politique de l'organisation qu'avec une amélioration tangible pour les principaux concernés. Cependant, une activité qui engendre une évolution apporte habituellement de la valeur. On la reconnaît à son but qui est d'améliorer une situation mesurable et quantifiable dans le but d'obtenir de meilleurs résultats.

L'impact

L'impact est le résultat mesurable de l'application d'une activité ayant de la valeur. Le mot mesurable est la clé ici. Il faut absolument mesurer la situation avant et après l'activité, puis bâtir un comparatif. L'objectif visé est d'obtenir un impact positif (une amélioration de la situation). Malgré tout, il est possible d'arriver à un impact négatif. Dans ce cas, il faut agir rapidement pour corriger la situation.

Voici 3 types d'impact:

1. Le gain via l'activité

Quand la valeur d'une activité est claire, le gain obtenu est aisé à quantifier. Règle générale, la mesure indiquera une augmentation ou une diminution avec un impact positif: augmenter les revenus, diminuer le temps d'attente, augmenter la satisfaction d'un client, diminuer le nombre de défauts dans un produit fini, etc. Quantifier le gain ou l'avantage d'une action nous révèle si nos efforts ont porté fruit et l'information nécessaire pour décider ou pour justifier les prochaines actions à prendre.

2. La création de nouvelles opportunités grâce à l'activité

L'impact d'une activité peut également prendre la forme de nouvelles opportunités auxquelles nous n'avions pas accès auparavant. Des activités exploratoires peuvent ouvrir la porte à de nouveaux projets. Du réseautage pourrait découler des offres d'emploi ou des contrats. De nouvelles expériences peuvent influencer nos ambitions et nous amener sur des chemins inexplorés.

3. L'évolution engendrée par l'activité

Lorsque l'impact visé est une évolution, pour voir si nos efforts portent fruit tel qu'attendu, il faut mesurer la situation de départ et le progrès observé. On pourra voir le rythme des progrès ou intervenir en cas de déroute. Ces données nous permettent de changer de cap rapidement au besoin, avant que des effets indésirables ne se fassent sentir.

Bref, démontrez la valeur et l'impact de vos apports à votre patron s'il vous demande des justifications ou des preuves de votre efficacité.

Préparez-vous bien. Identifiez les besoins de votre patron et ce qu'il souhaite accomplir. Ensuite, montrez-lui quel impact vous pouvez avoir sur ses besoins et comment il pourrait se retrouver en meilleure position grâce à vous.

Pourquoi viser l'impact?

Dans notre société, beaucoup de gens se sentent un peu perdus, emportés par le courant, sans vraiment avoir de contrôle sur ce qui se passe autour d'eux. C'est démoralisant, stressant et désengageant.

Certains acceptent cette situation. Ces gens se contentent de vivre sur le pilote automatique, de chèque de paie en chèque de paie. Il ne réfléchissent pas à ce que cette situation leur rapporte ou à leur impact dans le monde. Au mieux, ils deviennent des mercenaires ne travaillant que pour leur gain personnel immédiat. Au pire, ils meurent à l'intérieur et deviennent les machines sans âme auxquelles rêvent leurs employeurs.

Déprimant, n'est-ce-pas?

Tout ce que ça prend pour corriger la situation, c'est un peu d'impact. Avoir une influence positive sur le monde. Réaliser que nous sommes importants, que nous pouvons faire nos choix, que nous avons de l'agentivité, c'est-à-dire une capacité d'agir. Viser l'impact sert à se doter d'outils pour contrôler notre environnement. Les avantages sont nombreux.

En étant conscients de notre impact et en étant aptes à le mesurer, nous faisons en sorte que chacun de nos gestes et de nos efforts soit significatif. Fini le travail vide de sens. Fini l'obéissance aveugle. Vous savez pourquoi vous fournissez vos efforts et vous voyez les résultats. Cela crée un grand potentiel de confiance en soi.

Bien comprendre la notion d'impact nous permet d'accomplir plus avec moins. Un peu d'effort sera nécessaire pour la mesure d'impact, entre autres pour déterminer les causes et effets des gestes posés. L'avantage est que vous découvrirez ce que coûtent et ce que rapportent chacun de vos gestes. Lorsque vous aurez à agir, vous saurez obtenir le maximum de résultats avec le moins d'efforts possible. Vous pourrez donc performer plus ou garder du temps et de l'énergie pour diversifier vos activités.

Estimer l'impact de nos activités nous permet de les classifier et de les prioriser pour en maximiser l'impact. Alors que des activités valent décidément la peine d'être accomplies, d'autres tâches ou stratégies n'apportent que peu ou pas de valeur. Armés de vos mesures d'impact et de votre expérience, vous arriverez à éviter toute activité n'en valant pas la peine.

L'impact, une solution au VICA

Le monde dans lequel nous vivons est de plus en plus VICA: volatile, incertain, complexe et ambigu. Il est changeant, imprévisible et plein d'inconnus. En gardant en tête la signification de l'acronyme VICA, vous aurez la perspective nécessaire pour comprendre des situations sans détenir tous les éléments et pouvoir agir en conséquence.

Décortiquons le VICA.

V - volatile

Une chose volatile peut changer rapidement ou dramatiquement. Par exemple, une perte d'emploi qui se produit sans avertissement. Ce peut être aussi une situation très tendue, où les tempéraments peuvent s'enflammer soudainement.

Opérer dans une situation volatile demande de demeurer alerte à tout signe de changement. Ça demande également une certaine délicatesse pour éviter d'être celui qui va provoquer l'embrasement.

Ou pas. Quelques fois, une bonne explosion peut provoquer un revirement de situation positif.

I - incertain

Dans un monde incertain, il manque beaucoup d'informations. Parfois, ce sont des données qui nous sont inaccessibles. D'autres fois, elles n'existent pas ou ne sont pas encore définies.

Opérer dans l'incertitude, c'est comme opérer dans le noir ou lire un texte caviardé.

Face à l'incertitude, identifiez les informations fiables et les informations manquantes. Spéculez sur la nature de ce qui manque. C'est le moment idéal pour réviser votre plan B et probablement le plan C aussi.

C - complexe

Une situation complexe possède énormément de ramifications et de conséquences potentielles. Le moindre mouvement peut provoquer une (ou plusieurs) réaction en chaîne dont l'issue est difficile, voire impossible, à prévoir. Plus les connexions entre les divers éléments sont nombreuses, plus la complexité de la situation augmentera et moins les prédictions seront possibles.

Dans un bureau, la plupart des dynamiques politiques sont des situations complexes dues au nombre de joueurs impliqués et leurs intentions. Les sports d'équipe compétitifs sont un autre exemple. C'est comme se déplacer avec une pyramide de flûtes de champagne sur un plateau. Chaque coupe peut provoquer la chute des autres.

Dans une situation complexe, il faut demeurer à l'affût des effets, prévus ou non, de chacune des actions qui sont prises. Il faut également être prêt à réagir, réajuster et replanifier. Quelques fois, la solution sera simplement d'accepter que tout le système parte à la dérive dans une direction inattendue et de revoir entièrement ses intentions et sa stratégie. Gardez en tête que si la volatilité favorise l'émergence, la cause en est souvent la complexité.

A - ambigu

Une situation ambiguë est un piège pernicieux dont on ne se méfie pas suffisamment. L'ambiguïté est constituée d'éléments qui peuvent être interprétés de plusieurs façons. Parfois, elle est accidentelle, mais pas toujours.

Un accès partiel à l'information est souvent source d'ambiguïté, particulièrement si on la présente comme étant complète. Certaines personnes sont passées maîtres dans l'art de parler sans rien dire, générant des tonnes d'ambiguïté sur leurs opinions, leurs positions, leurs intentions ou leurs actions. Une situation ambiguë et mal analysée peut mener à une mauvaise interprétation et à une prise de décision hâtive. À l'inverse, une sur-analyse rendra une situation plus ambiguë qu'elle ne l'est réellement.

Soyez prudent, car la première interprétation qu'on fait d'une situation ne sera pas nécessairement la bonne. Plusieurs interprétations peuvent émerger, toutes valables. Il est donc important de savoir s'il y a ambiguïté et d'émettre des hypothèses sur les significations possibles.

Comment gérer une situation VICA?

Les quatre notions de VICA font un peu peur, n'est-ce pas? Sachez que c'est encore pire que vous le pensez; ces quatres notions existent habituellement simultanément, l'une exacerbant l'autre. Le monde qui nous entoure est fait de chaos à peine ordonné. Un simple détail peut venir bousculer cet ordre fragile de façon entièrement imprévisible.

Joie.

VICA nous enseigne une belle leçon: le contrôle réel n'est qu'une illusion. C'est un mensonge rassurant face au chaos absolu qui nous entoure.

Que pouvons-nous faire pour arrêter de se mentir?

Acceptez le VICA. Acceptez qu'il vous manque des morceaux, que vous ne comprenez pas tout et que les choses peuvent changer rapidement et radicalement.

Les pirates gardaient constamment les yeux sur l'horizon à l'affût des signes annonciateurs de changement: le vent qui tourne, les nuages qui s'amoncellent, le ciel qui change de couleur, les courants anomaux, les vagues qui se transforment, les voiles d'un autre navire qui apparaissent, etc. Une tempête dévastatrice est si vite arrivée. Des hauts fonds peuvent endommager la coque. Le navire qui s'approche peut être un ami, une proie ou un prédateur. La meilleure chose à faire pour les pirates était de compter sur leurs camarades, sur les outils qu'ils maintenaient avec soin (leur navire, leurs canons) et sur leurs propres compétences. Mais surtout, ils pouvaient miser sur leur capacité à s'adapter et à faire face à tout obstacle se dressant devant eux.

Apprenez à naviguer sur le VICA. Passez à l'action. Vous savez d'ores et déjà qu'il y aura des conséquences et que vous pourrez y réagir. Craignez plutôt la certitude et ses illusions confortables.

Acceptez en votre cœur et âme qu'il n'y a rien à craindre. L'incertitude et l'émergence sont vos amis. C'est là que se trouvent les opportunités, connues et inconnues.

Votre capacité à générer de l'impact vous servira. Posez avec courage les gestes générateurs d'impact, que ce soit pour provoquer un changement ou pour vous y adapter. Ne vous asseyez jamais sur vos lauriers. Soyez prêts à apporter de la valeur encore et encore. Évitez tous les efforts inutiles qui vous feront perdre un temps de réaction précieux. Cherchez les opportunités émergentes, quitte à provoquer du chaos contrôlé pour qu'elles se révèlent.

Certains voient l'incertitude comme un raz-de-marée. Voyez-la comme une occasion de surfer comme un champion!

Les bullshit jobs

Tout ce que vous faites dans une journée de travail est essentiel, n'est-ce pas? Chaque tâche apporte de la valeur et permet à l'organisation de fonctionner, pas vrai? Votre job est absolument essentiel et nécessaire au bon fonctionnement de l'entreprise, non? Nous en sommes certains.

Et pourtant, vous connaissez certainement une personne de votre organisation dont les tâches n'apportent pas vraiment de valeur, dont le salaire est difficilement justifiable et dont l'absence pendant ses vacances fait que l'entreprise se porte mieux.

Pas vous, bien sûr. Quelqu'un d'autre. Une personne avec une bullshit job.

Une bullshit job, c'est un emploi rémunéré qui est si inutile, superflu ou néfaste que même le salarié qui l'occupe ne parvient pas à justifier son existence. Il n'apporte aucune valeur et n'a aucun impact. Le concept dont on vous parle dans cette section a été mis de l'avant par l'anthropologue David Graeber dans son livre *Bullshit Jobs*.

Sans dire que la majorité de nos emplois sont des bullshit jobs, il est important de préciser qu'un travail est rarement 100% utile. Les emplois ont tous des tâches qui ne servent pas à grand-chose dans une proportion plus ou moins élevée. Ces tâches peuvent être néfastes pour la productivité de l'entreprise ou dommageables pour le monde en général.

Prendre la peine d'évaluer la valeur et l'impact de nos tâches est une bonne façon de déterminer si notre travail est réellement important ou rempli de bullshit, mais les résultats ne risquent pas de vous plaire.

Bien que la plupart des postes comprennent une part de bullshit work, certains ne sont composés que de travail inutile ou néfaste. David Graeber a d'ailleurs catégorisé les types d'employés qui occupent ce genre de postes.

1. *Les faire-valoir.* Ce sont des employés qui servent à mettre en valeur leurs supérieurs hiérarchiques ou leurs clients. Ils ne sont pas là pour la valeur de leur travail, mais pour donner un sentiment d'importance à quelqu'un d'autre. C'est le cas d'un assistant dont le travail est de relayer les paroles du patron ou d'expliquer à quel point le dit patron a raison.

2. *Les sbires.* Ce sont de gros bras ou de gros cerveaux recrutés simplement parce que les concurrents en emploient aussi, aux mêmes postes, et qu'on veut riposter de manière agressive. C'est souvent le cas avec les équipes d'avocats corporatifs; on accumule les avocats comme du bois de chauffage en automne simplement parce que le concurrent en emploie plus. C'est le syndrôme du voisin gonflable.

On peut penser aussi à un patron qui a une équipe de secrétaires pour se donner de l'importance ou à une entreprise qui embauche un responsable du bonheur au travail sans vraiment lui donner de moyens ou d'autorité. Ça ne rapporte rien de concret à l'entreprise, sinon une illusion de prestige.

3. *Les rafistoleurs.* Ce sont des gens qui sont employés pour résoudre ou faire semblant de résoudre des problèmes évitables. En réalité, ils ne toucheront jamais aux racines du problème; ils font du masquage de symptômes, ce qui fait que le problème se répétera indéfiniment. Les rafistoleurs abondent dans toutes les organisations.

Ces gens très compétents pourraient régler les problèmes, mais on ne leur en donne pas la possibilité. L'objectif est que ça marche à court terme. Les développeurs informatiques sont parfois relégués à ce genre de rôle.

4. *Les cocheurs de cases.* Ce sont des gens recrutés pour permettre à une organisation de bien paraître en prétendant aborder un problème ou en montrant qu'elle prend action pour le résoudre alors qu'elle n'en a nullement l'intention. Pensons aux classiques créations de comités qui vont mener à des sous-comités pour régler l'un ou l'autre problème. Les cocheurs de case forment le cœur de la bureaucratie inutile d'une organisation et causent rapidement son enflure.

5. *Les petits chefs.* Ce sont ceux qui ont pour rôle de surveiller des personnes (adultes) qui travaillent déjà de façon autonome. Ils microgèrent leurs employés et poussent l'af-

front jusqu'à leur attribuer du travail inutile « juste pour les tenir occupés », comme la production de rapports voués à l'oubli ou la participation à des meetings sans objectifs, sans prise de décision et sans action concrète.

Les petits chefs sont là pour que 100% des heures pour lesquelles l'entreprise vous paie soient utilisées au maximum, même si le travail effectué n'a aucun impact. Ils contrôlent l'information pour devenir indispensables bien que cela n'apporte pas la moindre valeur. Parce qu'ils le peuvent, ils abuseront de toutes leurs miettes d'autorités sans raison.

Il existe d'autres types de bullshit job, mais ceux-ci sont certainement les pires.

Les bullshit jobs sont néfastes pour tout le monde:

- pour les employés qui vont souffrir de n'avoir ni valeur ni impact ou qui, au contraire, vont rationaliser l'importance de leur emploi toxique et s'y donner à fond pour éviter la dissonance cognitive.

- pour l'entreprise ou l'organisation qui n'atteindra pas ses objectifs à cause d'un gaspillage éhonté du potentiel de ses employés. Comment? En leur donnant des rôles parasitaires ou, pire, en empêchant les autres employés de bien faire leur travail.

- pour la société en créant une lourdeur bureaucratique, en générant du stress et en nourrissant cette impression de machine kafkaïenne.

C'est le devoir d'un pyrate que de se rebeller contre l'institutionnalisation du gaspillage de talent, de potentiel et de valeur que sont les bullshit jobs. Il faut de la valeur partout et de l'impact à chaque action!

Évaluer l'impact de nos efforts

Les trois catégories de valeur

Toutes les valeurs ne se valent pas. Il importe de savoir identifier et hiérarchiser la valeur de nos activités pour prioriser nos efforts et maximiser notre impact.

1. Les activités de grande valeur

Graal du Pyrate, les activités de grande valeur nous apportent le maximum d'impact et d'influence sur notre environnement. Ce sont les activités qui apportent, concrètement, une transformation positive ou engendrent une évolution. Elles ouvrent des portes et créent de nouvelles opportunités.

Mettre l'accent sur les activités de grande valeur nous rend impossible à ignorer étant donné les résultats qu'elles génèrent. Notre influence augmente suivant la valeur démontrable que nous apportons. Cette influence nous permet de mieux asseoir notre position d'autorité et de dicter nos termes pour continuer à générer cet impact.

Bref, une activité de grande valeur vaut toujours la peine d'être faite à cause de sa valeur intrinsèque et des autres avantages qu'elle procure.

2. Activités de faible valeur

Une activité de faible valeur possède une valeur limitée et son impact est moindre, car sa portée est limitée. Ou bien elle est un mal nécessaire. Pensons à une réunion de statut ou à des activités bureaucratiques en lien avec une norme gouvernementale.

Ce genre d'activité tend à coûter plus cher en temps que la valeur qu'elle rapporte. Il existe plusieurs stratégies possibles pour remédier à la situation.

- *Déléguez.* Si votre temps est trop onéreux pour cette activité, déléguez-là à quelqu'un pour qui ce n'est pas le cas comme un assistant, un stagiaire ou un service externe.

- *Décortiquez.* Une activité est souvent un ensemble de tâches ou d'actions. Voyez si vous pouvez identifier la valeur des tâches et éliminer celles qui n'en ont pas. Cet allègement réduira le coût de l'activité.

- *Combinez.* Est-ce que l'activité peut être combinée avec une autre pour réduire l'effort nécessaire et son coût? En fusionnant plusieurs activités décortiquées, est-il possible d'en créer une seule, mais de plus grande valeur?

- *Automatisez.* C'est une solution simple et facile à envisager avec la technologie actuelle. Serait-il avantageux d'éliminer l'intervention humaine? Prenons l'exemple d'une présentation sur l'avancement d'un projet. Est-ce qu'un tableau visuel qui se met à jour en temps réel suffirait? Pourrait-on programmer des tests automatisés plutôt que de procéder à des vérifications manuelles? Est-ce que les courriels peuvent utiliser des règles prédéterminées pour leur classement?

L'idée est de nous débarrasser des activités à faible valeur soit en les remaniant pour leur donner assez de valeur pour continuer à les faire, soit en les réévaluant comme sans valeur pour qu'elles soient éventuellement éliminées.

3. Activités sans valeur

Les activités sans valeur sont celles qui gaspillent votre temps et votre énergie sans produire ni valeur tangible, ni impact. Elles détruisent votre productivité et minent votre capacité à vous concentrer sur des activités qui en valent la peine. Il est possible que les activités sans valeur n'aient aucun impact, mais en général, elles engendrent un impact négatif.

La plupart d'entre nous demeurons dans l'obscurité parce que la majorité de nos efforts n'apportent ni sens, ni valeur. Pour vous sortir de ce marasme, éliminez ces activités.

Un truc pour savoir si l'une de vos tâches a de la valeur ou pas? Arrêtez de la faire pendant quelques jours et observez ce qui se passe. Si personne ne crie au feu, il y a de fortes chances que la tâche soit inutile.

Si vous vous concentrez sur les activités de grande valeur, utilisez l'influence que vous bâtissez pour éliminer les activités sans valeur. Sans effort supplémentaire de votre part, vous contribuerez à augmenter l'efficacité de tous ceux qui géraient ces activités.

Évaluer votre impact sur la mission et sur vous-même

Une mission, c'est une quête vers l'atteinte d'un objectif qu'il soit choisi, suggéré ou imposé. Nous devrions tous avoir une mission principale pour nous guider dans l'investissement de notre attention et de nos efforts. Tant que la mission principale demeure notre point focal, il n'y a pas de mal à avoir aussi des missions secondaires.

Si cette approche sonne comme un jeu vidéo, c'est normal. Les humains sont des conteurs dans l'âme, Nous appréhendons le monde en suivant des structures narratives. Les missions structurent nos actions pour obtenir un maximum d'impact sur notre environnement. Ça fonctionne dans les jeux vidéos et dans le monde réel.

Pour pouvoir apporter un maximum de valeur, il est important de bien comprendre les besoins sous-jacents à la mission. On doit mettre le doigt sur ce qu'on désire obtenir et comprendre ce que ça prend pour que ce soit réalisable.

Au bout du compte, ce qu'on veut, c'est que notre action déclenche des réactions en chaîne qui entraîneront des changements : ouvrir une porte révélera d'autres opportunités, influencer des gens les incitera à reprendre le flambeau de votre mission et à l'amener plus loin, avoir un succès vous donnera la crédibilité voulue pour pousser vos objectifs plus loin.

Demandez-vous toujours si l'impact que vous désirez créer ébranlera le statu quo pour les besoins de la mission et s'il provoquera de nouvelles opportunités. Si la réponse est non, le jeu n'en vaut pas la chandelle.

Augmenter votre crédibilité et votre influence

La technique pour réussir à communiquer votre impact est relativement simple. Identifiez d'abord les besoins à combler. Définissez-les clairement, sinon vous ne serez pas en mesure de les combler efficacement.

Lorsqu'on vous demande d'exécuter une tâche, déterminez comment cette tâche aide l'organisation. Quelquefois, la tâche semble servir l'objectif, mais après une analyse plus poussée, on se rend compte du contraire.

Demandez-vous toujours quel est l'avantage recherché pour l'organisation. En sachant ce qui est attendu, vous serez en mesure de proposer des approches différentes, plus optimales, pour maximiser le gain souhaité. Mesurez ce que votre impact rapporte. Ensuite, comparez vos résultats avec les besoins de votre mission.

On va se le dire, le travail mal fait ou les erreurs attirent l'attention plus que les bons coups. Ne soyez pas passif. N'attendez pas qu'on remarque votre bon travail. Parlez-en publiquement!

Présentez les résultats de vos efforts en démontrant leur lien avec les besoins de l'organisation. La corrélation doit être évidente. Accompagnez-les d'un support graphique avec des chiffres, pour que ce soit concret et quantifiable.

Vous gagnerez inévitablement en crédibilité puisque vous paraîtrez non seulement en pleine maitrise, mais agirez avec circonspection pour maximiser l'ensemble de votre impact.

Être évalué sur les résultats

En mettant à profit votre impact, vous prenez le contrôle de votre narratif. Vous vous assurez d'avoir le gros bout du bâton dans la discussion. Pour maximiser vos chances de réussite, n'hésitez pas à utiliser des mots forts ou importants pour l'entreprise. Le terme « gaspillage » en est un bon exemple. C'est un point sensible dans les entreprises. Vous pourriez démontrer qu'une activité X est un gaspillage de temps et d'argent en chiffrant les pertes monétaires si vous le pouvez.

Construisez toujours votre discours en cherchant à éliminer tout ce qui ne sert à rien pour mettre l'accent sur l'impact.

Briser des règles

Pourquoi briser des règles

On le sait, certaines personnes aiment faire du trouble pour faire du trouble. N'empruntez pas cette avenue. Nous vous suggérons plutôt de remplacer une règle par une meilleure pour améliorer les systèmes. Les gens résistent toujours lorsque vient le temps de modifier leur environnement. Mais en tant que Pyrate, faisons fi de cette peur-là!

La meilleure façon, c'est de transformer ce qui existe déjà. Sans le dire, testez quelque chose pour en évaluer l'impact. Si votre expérience fonctionne, vous aurez un argument de taille pour proposer un changement permanent.

Briser une règle devrait toujours servir à appuyer votre point de vue. Par exemple, démontrer qu'une certaine règle est nocive pour le système, l'organisation ou l'environnement. Vous pouvez briser une règle pour prouver qu'elle nuit au rendement, ralentit le système ou rend le travail plus compliqué.

Rappelons qu'entretenir le statu quo n'est pas toujours une bonne chose. À long terme, il peut être coûteux en argent, en temps et en effort. Faites des tests et remettez-le en question.

La règle d'or quand on brise une règle? En proposer une meilleure! Nous ne sommes pas des rebelles pour le plaisir d'être rebelles. Nous nous rebellons pour améliorer les choses.

Établir des règles de sécurité

Briser des règles, c'est bien, mais c'est possible que les systèmes réagissent de façon imprévue, d'où l'importance de se doter de normes de sécurité.

Règle no 1 : Identifiez les risques et l'impact de votre action sur votre entourage et sur vous-même.

Au début d'un projet, on établit, la plupart du temps, des critères de succès. Déterminez également vos critères de risque. Ainsi, si vous dépassez ces limites, vous saurez qu'il est préférable d'arrêter l'expérience.

Encore mieux, dotez-vous d'un système d'alarme. Trouvez une façon d'être averti quand le risque devient plus difficile à contrôler ou à contenir.

Règle no 2 : Définissez comment mesurer l'impact de votre expérience pour pouvoir bâtir votre argumentaire et réagir de façon permanente ou non. Quel est le résultat attendu? En changeant les règles, quels gains voulez-vous obtenir? Quelles pertes éliminez-vous? Quelles seront les répercussions sur le reste du système, sur vous particulièrement et sur ceux qui continueront à travailler dans le même environnement?

Nous vous recommandons de toujours commencer par de petites expériences. Allez-y morceau par morceau et mesurez l'augmentation ou la diminution du risque à toutes les étapes.

Trouver vos alliés

Trouvez qui sont vos alliés. En ayant des alliés, votre influence augmentera et, par le fait même, votre impact.

Voici quelques trucs pour les dénicher :

1. Qui souffre autant que vous de la règle que vous désirez changer? Qui a un intérêt évident à passer à l'action et à vous appuyer pour tester quelque chose de mieux?

2. Qui subit l'impact du statu quo? Ces gens n'ont pas nécessairement conscience que les choses pourraient être mieux. Vous les rallierez à votre cause en leur montrant ce que vous voulez accomplir.

3. Qui peut bénéficier d'un changement au statu quo? Ces personnes ne vivent pas votre situation, mais voient un avantage au changement. C'est le cas d'une proposition pour faire économiser de l'argent à l'organisation. Les responsables des finances voudront connaître les résultats de votre expérience, c'est certain!

Tester, réviser, agir

Briser les règles, c'est bien, mais encore faut-il garder la tête froide afin de minimiser les risques qui y sont associés. Les trois mots importants à retenir sont : tester, réviser et agir.

Commencez petit. Allez-y doucement, une étape à la fois. Si ça va bien, donnez un peu plus d'ampleur à votre initiative.

Remettez-vous constamment en question. Est-ce que je fais la bonne chose? Est-ce que je le fais pour les bonnes raisons? Est-ce que je manoeuvre trop près des limites de risques? Si c'est le cas, comment pourrais-je revoir ma stratégie? Puis-je aller plus loin dans l'expérience?

Soyez conscient que votre première décision, votre première impulsion ou votre premier plan n'est pas nécessairement le bon. La certitude pourrait vous mener à la perte.

Éviter d'activer le système immunitaire d'une organisation

Définir le système immunitaire d'une organisation

Quand on veut apporter un changement ou briser une règle, un des bloquants majeurs qui se retrouve sur notre chemin, c'est le système immunitaire d'une organisation.

Ce système immunitaire répond de façon impulsive et naturelle à un événement, ce qui se traduira souvent par de la résistance ou par une réaction très violente. Les « non » catégoriques, les avis non négociables, les projets stoppés avant la fin, les mises à pied ne sont que quelques exemples.

En fait, la réaction du système immunitaire en est une de peur et d'autodéfense. Malheureusement, chaque fois qu'on essaie de changer quelque chose de façon trop drastique, la bête se réveille. Évidemment, il y a des façons de la laisser dormir. Créez un environnement de confiance et piquez la curiosité des gens qui font partie du système immunitaire. Ils doivent désirer le changement qui est proposé.

Faire le portrait des acteurs

Une organisation est composée de personnes, qu'on appelle les « acteurs ». Dressez le portrait de ceux qui vous entourent et repérez ceux qui ont une influence sur ce que vous tentez de réaliser. Certains de ces joueurs pourraient devenir vos alliés, mais d'autres se feront un plaisir de vous mettre des bâtons dans les roues.

Voici donc les 3 catégories d'acteurs que vous devez connaître.

Les acteurs affectés par le changement que vous essayez d'apporter

Ils se divisent en trois sous-groupes :

- Ceux qui vivront l'impact du changement de façon positive parce qu'ils souffrent comme vous des systèmes en place. Ce sont vos alliés potentiels. Expliquez-leur comment vous pouvez améliorer leur sort et faites-en des collaborateurs.

- Ceux qui vivront l'impact du changement que vous allez apporter, mais de façon négative. Avant de tenter votre expérience, identifiez-les et discutez avec eux pour essayer de trouver des solutions qui atténueraient ces aspects négatifs.

- Ceux qui, indépendamment de leur réaction, subiront l'impact du changement de façon permanente ou temporaire. La vie des personnes qui seront au sein de l'entreprise à long terme peut en être transformée. Pensez à les consulter.

Les acteurs ayant des enjeux politiques dans le changement

Très souvent, les enjeux politiques se passent au-dessus de nous. Spécialement en milieu de travail. Demandez-vous qui, dans l'organisation, a intérêt à éviter le type de changement que vous proposez. Malheureusement, certaines personnes souhaitent que ça continue à mal aller dans votre groupe pour redorer le blason du leur.

D'autres ont intérêt à éviter toute forme de changement. C'est le cas, entre autres, des gens qui aiment s'approprier le crédit du travail de leurs collègues ou qui se positionnent en gardiens de l'information. Ce sont souvent ceux qui ont des bullshit jobs. Ils veulent protéger le peu d'acquis ou le peu de justification salariale qu'ils ont. Ils bloqueront tout ce que vous essaierez de faire. Finalement, il y a les jaloux. Ceux qui ne veulent rien faire, si ce n'est d'empêcher les autres de briller.

Les acteurs capables de neutraliser le système immunitaire de l'organisation

Ces derniers ont les moyens de vous ouvrir des portes, de vous mettre en contact avec les bonnes personnes et de vous offrir le soutien public dont vous avez besoin pour votre initiative. Ils peuvent également vous indiquer quelles sont les craintes, les besoins ou les intérêts des joueurs avec qui vous devez composer et vous aider à identifier votre public cible. Ils pourraient même se porter volontaires pour participer à votre expérience ou vous prêter leur équipe pour le faire.

Ce sont des gens volontaires, qui n'ont pas froid aux yeux et qui aiment essayer de nouvelles choses. Ils seront des alliés extraordinaires dans votre processus de transformation et vos chances de succès seront beaucoup plus élevées grâce à eux. Ce seront vos ambassadeurs.

Petites expériences contrôlées

C'est la meilleure manière de tester quelque chose de complètement différent sans être soumis à la structure habituelle de l'organisation. Ceux qui y participent ne sont pas encombrés par les règles et les méthodes de l'entreprise. Cette liberté ouvre la porte à la nouveauté et à la créativité.

L'expérience contrôlée sert minimalement à 3 choses :

1. *Vérifier les hypothèses.* L'objectif est de découvrir, au fur et à mesure de l'expérience, si nos hypothèses initiales sont justes.

2. *Réduire les risques.* Avancez à petit pas. Les risques sont réduits au minimum, mais les résultats peuvent être très parlants.

3. *Récolter des données.* En faisant des tests et des petites expériences contrôlées, vous accumulerez des informations nouvelles qui peuvent nous être fort utiles.

Pour mettre en place une expérience contrôlée, la première chose à faire est d'en déterminer la faisabilité et la valeur qu'elle pourrait générer à court terme. Elle doit engendrer des apprentissages ou des résultats rapides.

Pour contrôler le niveau de risque de ces expériences, il faut s'assurer que même un échec lamentable ne causera pas de dommages à l'organisation. Pour se faire, il faut que l'ampleur de l'échec reste en deçà du seuil de tolérance de l'organisation, soit le point où un échec commencerait à faire mal.

Cette approche permet de réaliser de multiples expériences contrôlées sans courir de risques significatifs. Dans le pire des cas, vous aurez simplement acquis de nouvelles connaissances, clarifié certaines ambiguïtés ou déterminé si une stratégie devrait être considérée ou pas.

L'expérience contrôlée répond également aux trois questions que vous poseront les gens à convaincre pour appliquer la solution à plus grande échelle.

1. *Est-ce que ça se fait?* L'expérience à petite échelle dévoilera sa faisabilité.

2. *Est-ce que c'est viable?* Démontrez le retour sur investissement. Si l'expérience fonctionne à petite échelle, vérifiez si elle peut être répétée à plus grande échelle.

3. *Sur quoi vous basez-vous?* Le but ultime de la petite expérience contrôlée est de recueillir des données pour convaincre les organisations de passer à l'étape suivante.

Comment déterminer les paramètres d'une expérience?

- Déterminez de la durée de l'expérience.

- Soyez au fait du budget disponible en temps, en nombre de participants, en ressources, en outils ou en argent.

- Déterminez la nature des actions (quoi faire et quoi ne pas faire) et leur portée.

- Établissez les critères de succès.

- Restez ouvert à l'inconnu, même après avoir établi les critères de succès de l'expérience. Vous comprendrez mieux pourquoi votre expérience a fonctionné ou non. Vous pourrez procéder à une seconde expérience en ajustant les paramètres selon les nouvelles données que vous aurez récoltées. Chaque fois que vous retenterez l'expérience en vous basant sur les données de la précédente, vous vous rapprocherez du succès.

L'idée avec cette démarche n'est pas de trouver la solution idéale ou celle qui fonctionne le mieux. C'est de saisir ce qui peut mener à un échec. Ainsi, vous n'arriverez pas à la solution parfaite, mais à une solution durable et solide. Il y aura toujours place à amélioration par la suite.

La puissance des mots

Les mots sont puissants et ceux qu'on utilise fréquemment définissent notre réalité. « Words create worlds », comme le dit souvent Olivier.

En effet, changer les mots qu'on utilise ou en modifier leur signification peut transformer la réalité. Pour y arriver, il faut utiliser les bons mots et les répéter fréquemment. Le but est de diminuer l'ambiguïté de notre discours. Plus nous nous exprimons clairement, plus les concepts deviennent précis et compréhensibles.

La puissance des mots répond à plusieurs besoins dont celui d'être transparent, même si un système immunitaire vous guette. Vous devez trouver les mots forts pour gagner des alliés et convaincre les bonnes personnes de vous suivre.

Voici quatre occasions où la clarté est absolument cruciale :

- Pour exprimer nos objectifs. On le répète : il est important de comprendre pourquoi on agit. Maintenant, sachez qu'il est tout aussi important de l'exprimer adéquatement.

- Pour exposer les risques encourus. Pour vous faire des alliés, vous devez être honnête. Ne manipulez surtout pas l'information. Mentionnez qu'il est possible de minimiser les risques. Cependant, laissez aux gens que vous abordez le choix d'accepter ou de refuser votre proposition en fonction des risques réels.

- Pour dévoiler vos attentes envers les gens. Il est important que vous établissiez un cadre à l'intérieur duquel les gens pourront travailler. Soyez clair et précis avec eux. Dites-leur s'ils peuvent improviser et sortir des cadres que vous leur avez donnés. Établissez leur marge de manœuvre.

- Pour expliquer la valeur que vous souhaitez atteindre. Tous les intervenants dans le dossier devraient pouvoir expliquer la valeur et les avantages attendus de l'expérience.

En conclusion, pour éviter d'activer le système immunitaire de l'organisation, vous devez pouvoir expliquer rapidement et de manière empathique les enjeux qui pourraient l'activer.

Une bonne façon de le faire serait de mettre en place une plate-forme de dialogue dans laquelle tous les gens impliqués dans le projet auraient la possibilité d'exprimer leurs appréhensions, de partager leurs observations, de faire des suggestions et de participer à la planification des actions. En plus de créer de la satisfaction, cette manière de procéder montre aux gens que ce qu'ils ont à dire compte et ils seront convaincus du bien fondé de leur participation au processus.

À partir du moment où les gens ne deviennent pas des victimes du processus, la résistance au changement diminue grandement. Faites-en des participants actifs!

Travailler dans l'ombre

À certains moments, vous devrez travailler dans l'ombre. Avant d'annoncer publiquement votre expérience, vous devrez faire des tests. Idéalement, trouvez 2 ou 3 personnes pour vous appuyer. Récoltez des données et des résultats. Ainsi, vous augmenterez vos chances d'obtenir plus de soutien pour la suite.

Maximisez vos chances de réussite. Identifiez une situation qui génère de la douleur et demandez-vous comment vous pourriez y remédier. N'hésitez pas à consulter les gens qui souffrent de cette situation et sollicitez leur avis. Comme agent de changement, vous gagnerez automatiquement de la crédibilité à leurs yeux. Ensuite, lorsque vous leur ferez une suggestion, ils seront plus ouverts à la recevoir. Il est toujours bon de récolter les avis de ceux qui vivront avec l'impact d'un changement. Ils vous diront si vous allez dans la bonne direction.

Comment utiliser son réseau pour multiplier son impact

Définir ce qu'est un bon réseau

On a tendance à penser qu'un bon réseau doit nous apporter beaucoup. Pourquoi pas? Cependant, il est faux de concevoir votre réseau comme une source de valeur qu'on peut exploiter impunément. Demandez-vous quel héritage vous souhaitez laisser. Pour quoi souhaitez-vous être reconnu? Vous tentez systématiquement d'extraire le plus de valeur de tous vos contacts en envoyant des messages privés de masse pour leur demander d'acheter vos produits? Grand bien vous fasse.

La réalité, c'est qu'on a le réseau qu'on mérite. Si vous désirez un réseau généreux, qui soit là pour vous, qui se préoccupe de vous, comportez-vous de la même façon. Vous devrez être généreux, donner du temps, de l'amour et aider sans compter. Les rares fois où vous aurez sincèrement besoin d'aide, votre réseau répondra présent.

Pensez d'abord à ce que vous pouvez faire pour votre réseau. N'ayez crainte; il vous le rendra à son tour en temps et lieu. Mais de grâce, n'espérez pas obtenir un retour immédiat sur votre investissement.

Un bon réseau, ça se mérite, et ça se cultive.

Qui devrait faire partie de votre réseau?

Plusieurs catégories de gens devraient former votre réseau.

1. *Les créateurs d'opportunités, ceux qui vous ouvrent des portes.* Ils sont bien connectés, ont de belles valeurs et agissent avec moralité. Ils peuvent être incroyablement enrichissants pour votre réseau.

2. *Les mentors.* Ces personnes sont intelligentes et influentes Elles peuvent vous apprendre beaucoup de choses et vous faire profiter de leur expérience. Gardez-les dans votre réseau, car elles sont de bon conseil et leur opinion a du poids.

3. *Les mentorés.* Au fur et à mesure que vous étendrez votre influence, vous vous rendrez compte que vous aurez une plus grande capacité à aider les autres. Ces personnes deviendront non seulement des alliés, mais constitueront aussi les fondations de votre groupe de soutien. Elles feront le choix de vous suivre et de s'approprier votre message.

4. *Les exploseurs de réseaux.* Ce sont des entremetteurs. Ils vous mettront en contact avec les bonnes personnes, auxquelles vous n'auriez jamais eu accès autrement. Les exploseurs de réseaux sont déjà très influents dans certains domaines.

5. *Les homologues.* Ce sont ceux qui sont à peu près au même niveau professionnel que vous et avec qui vous pouvez partager des idées ou brainstormer.

N'oubliez jamais de bâtir votre réseau en fonction de votre intention. Choisissez judicieusement qui vous y intégrez et de quelle façon vous interagissez avec eux.

Les champions du réseautage

Certaines personnes brillent plus que d'autres dans le réseautage. Ils ont la capacité de diriger des réseaux entiers; ce sont de vrais champions.

Il y 3 catégories de champions du réseautage :

1. Les gens engagés. Ce sont des figures de proue. Ils défendent une cause et ils en parleront le plus possible pour la faire connaître. Ils tenteront de toucher la corde sensible du public. Ils sont perçus de manière très positive et on les suit parce qu'ils convainquent.

2. Les mécontents. Ces personnes ont tendance à parler un peu plus fort que les autres parce que c'est leur seule option pour changer une situation. Prenons l'exemple d'Olivier. Il ne pouvait plus supporter le fait que les entreprises traitent les humains comme des numéros. Il s'est donc fait le porte-étendard de l'humanité au travail. Son réseau a explosé parce que plein de gens partageaient sa frustration. Olivier est à la fois mécontent et engagé. Lorsqu'ils réalisent que personne ne viendra les sauver, les mécontents deviennent fréquemment les porte-étendards d'une cause.

3. Les forts en gueule. Ces gens ne sont pas gênés, n'ont pas le syndrome de l'imposteur (ou ils le maîtrisent bien), ne se censurent pas et ne s'anonymisent pas. Très connu pour ses brassages de cage lorsqu'on fait preuve d'une mauvaise foi évidente, Maurice représente magnifiquement cette catégorie.

Bien sûr, il faut de tout pour faire un monde. Les champions du réseautage ne courent pas les rues. Beaucoup de gens sont de simples observateurs passifs dans leur réseau.

Par contre, certains vous donneront du fil à retordre. Ils sont nombreux et difficiles à éviter. Ce sont les anti-champions.

Présents en grand nombre sur les réseaux sociaux, ces gens vampirisent votre réseau à leur avantage :

- Ils se servent de votre notoriété pour se faire remarquer.

- Ils polluent par le bruit. Ils publient des sondages inutiles, des publications vides de sens et des articles de type clickbait (titre flou, contenu douteux). Certains vont pousser l'audace à s'approprier votre propre contenu.

- Ils cherchent désespérément à augmenter l'attention qu'on leur donne. Les likes les obsèdent.

- Ils utilisent votre réseau pour contacter les gens de votre entourage. Ils s'incrustent partout où vous êtes dans le but de mousser leurs idées et leurs objectifs. Ils se moquent que ça aille à l'encontre de ce que vous défendez.

N'hésitez pas à faire le ménage de votre réseau une fois de temps en temps, dans la vraie vie comme sur les médias sociaux.

Bruits et signaux

Au point précédent, nous avons abordé le sujet des anti-champions qui vampirisent votre réseau, notamment en faisant du bruit. Mais qu'est-ce que le bruit?

Le bruit, c'est ce qui captive notre attention, mais qui ne nous apporte rien de tangible ou de bénéfique en retour.

- Rumeurs sans fondement
- Désinformation, informations inutiles ou vides de sens
- Opinions peu réfléchies
- Gens qui aiment s'entendre parler
- Contenu sans impact et sans valeur (quiz, sondages frivoles, citations vides de sens, etc.)

Le signal, c'est le contraire du bruit. C'est une information pertinente et utile qui vaut la peine d'être entendue. Il faut être particulièrement attentif pour percevoir un signal. Il est souvent noyé dans une mer de bruits. Pourtant, le signal est primordial à la construction et au maintien d'un réseau en bonne santé.

N'oubliez pas que lorsque l'on sème du bruit, on récolte du bruit. Alors, si vous voulez davantage de signaux dans votre réseau, il faut vous aussi en envoyer. Vous vous assurerez ainsi d'avoir accès à du contenu ou des discussions de plus grande qualité.

Développer des relations triadiques

Développer des relations triadiques est une excellente façon d'utiliser son réseau. La relation triadique est une relation à trois personnes. Les discussions se font à 3 plutôt qu'à 2 et elles apportent plusieurs avantages.

1. *Mettre des gens en relation.* Il est plus simple de mettre en relation deux personnes qui auraient un intérêt à se connaître lorsqu'il y en a une troisième pour animer la conversation et faciliter le contact.

2. *Obtenir un autre son de cloche.* Vous voulez tester une idée ou avoir une autre opinion? Les conversations ont tendance à être plus franches et honnêtes en triade. Dans un binôme, nous avons tendance à aligner nos idées sur celles de l'autre. Il est plus ardu de recevoir une opinion sincère et d'être confronté au choc des idées.

    Il peut être intéressant de s'associer volontairement à des gens dont on ne connaît pas l'opinion ou qui ne sont pas d'accord avec nous. Ils peuvent faire l'avocat du diable.

3. *Rassembler les gens affectés par votre décision.* En discutant avec eux, vous pourrez constater si leur opinion est similaire à la vôtre et, le cas échéant, vous serez rassuré sur la direction à prendre.

4. *Viraliser la diffusion des idées.* Si vous êtes le seul à défendre une idée, sa portée est restreinte. En la partageant avec deux autres personnes, il y a de fortes chances qu'ils l'enrichissent et aient envie de s'impliquer à leur tour. En un clin d'œil, vous triplez la portée de votre idée.

5. *Équilibrer le pouvoir.* Par exemple, si vous devez rencontrer un gestionnaire, allez-y avec un autre collègue. Vous ferez front commun et vous vous sentirez plus puissants que si vous aviez été seuls devant un supérieur hiérarchique. C'est un bon moyen pour les employés qui veulent se faire entendre et pour le gestionnaire qui veut recevoir un vrai son de cloche de son équipe.

Il peut être extrêmement frustrant de réaliser que notre impact est réduit ou limité par les processus, la bureaucratie, le modèle d'affaires ou la dynamique de gestion, que ce soit volontaire ou pas.

Ayez de l'impact. Ne vous laissez pas arrêter simplement parce que « c'est comme ça que ça fonctionne ici ». Vous êtes payés parce que vous êtes des experts dans votre domaine. Le manque d'impact vous métamorphosera négativement et votre travail deviendra un bullshit job.

N'attendez pas que quelqu'un attaque les problèmes à votre place et vous vole votre place au soleil. Prenez le taureau par les cornes et montrez la valeur que vous apportez. Vos initiatives seront remarquées et à mesure que vous augmenterez votre impact, votre influence s'étendra davantage.

Partie 3

Pyratiser son influence

L'influence, la monnaie des relations sociales

Définir l'influence

L'influence, c'est la capacité à :

- Avoir un impact sur la décision de quelqu'un d'autre
- Être reconnu et écouté à cause de son expertise
- Développer un rapport de confiance entre soi et ses interlocuteurs

Pour user de votre influence, vous devez développer un niveau de confiance et de respect assez élevé chez vos interlocuteurs pour que vos opinions comptent dans les choix qu'ils auront à faire. C'est une responsabilité importante qu'il convient de prendre au sérieux.

Une influence positive

Au fur et à mesure que votre influence se développe, un nombre grandissant de personnes s'aligneront avec vous, adoptant vos points de vues et vos stratégies. Avant longtemps, ils considéreront vos opinions lorsqu'il sera temps de prendre leurs décisions.

Dotez-vous d'un bon sens éthique lorsqu'il s'agit d'influencer. Faire évoluer les gens et les situations vers un monde meilleur pour tous est une bonne chose. Sans sens éthique, on ne parle plus d'influence, mais bien de manipulation : inciter à la haine, colporter des informations mensongères ou tenter d'utiliser les gens pour votre profit personnel. La différence est ténue, mais elle est toujours primordiale.

Apportez de la valeur aux autres

Même sans avoir un niveau d'expertise mirobolant, il est tout à fait possible de développer son influence. Aussitôt que notre expertise est marginalement meilleure que celle de nos interlocuteurs, nous pouvons leur apporter de la valeur et développer notre influence sur la base de cet apport.

Le syndrôme de l'imposteur tend à se pointer dans ces moments où notre confiance en notre propre expertise est chancelante. Mais rappelez-vous que vous n'avez pas à affronter cela tout seul. Apprenez d'experts plus avancés que vous, intégrez l'information et reconfigurez-la d'une façon digestible pour votre auditoire. De cette façon, vous développerez votre propre niveau d'expertise en même temps que celui des autres tout en ressentant plus de stabilité.

Plus d'influence = Plus d'imputabilité

"Avec de grands pouvoirs viennent de grandes responsabilités". C'est vrai pour Spider-Man et pour vous.

Plus vous développerez votre influence, plus vos paroles et vos actions auront un impact. Cependant, elles produiront aussi des effets inattendus. Comme nous l'avons vu dans le chapitre 2, le monde est complexe et la complexité vient avec son lot de surprises!

Il est toujours bon de réfléchir avant d'agir ou de parler, mais c'est encore plus vrai si vous êtes influent. Demandez-vous de quelle façon vos actions ou vos paroles pourraient être interprétées par les autres. Quelquefois, les gens vous attribueront des intentions qui ne sont pas les vôtres. Ils utiliseront votre exemple pour justifier des paroles ou actions contraires à vos valeurs. Le plus souvent, l'erreur sera innocente, une simple faute d'interprétation facile à corriger, mais ce n'est pas toujours le cas...

L'idée n'est pas de vous censurer, mais expliquez bien vos intentions et faites en sorte que vos valeurs soient bien documentées en paroles et en action. Ça limitera les risques et ça vous protégera des fourbes.

Au-delà des influenceurs

Lorsqu'il est question d'influence, on pense aux fameux influenceurs du Web.

En fait, l'influence sert à tous ceux qui veulent :

1. Faire valoir leur point de vue auprès des décideurs (organisations ou individus). Ils évitent ainsi que des décisions soient prises à leur insu, sans qu'elles soient bénéfiques ou optimales pour eux.

2. Orienter une initiative. En s'impliquant dès le départ dans un projet (même si leur apport est négligeable), ils s'assurent d'avoir leur mot à dire sur la forme qu'il prendra.

3. Se faire des alliés. En ayant de l'influence, il est plus facile pour eux de rallier des gens à leurs causes, à leurs projets.

4. Démontrer leur expertise. S'ils ne sont pas très connus (dans une entreprise qu'ils intègrent ou sur les réseaux sociaux), il est important qu'ils affichent ouvertement leurs compétences, qu'ils en fassent la démonstration. Ils doivent créer des opportunités de le faire. Avoir un blogue, un vlogue, publier sur LinkedIn ou organiser de petites formations pour des coéquipiers sont de bons exemples.

Influence et politique

Qu'ont en commun l'influence et la politique?

Leur capacité à exercer une action sur un sujet. Grâce à l'influence ou l'action politique, il est possible de convaincre pour générer des actions.
Il y a cependant une différence majeure entre l'influence et la politique : la durée.

L'influence se développe au fil du temps. En général, on la maintient naturellement et longtemps, puisqu'on la cultive. Elle est souvent moins directe ou agressive. Elle vise à transformer le point de vue d'un interlocuteur, à le rallier à votre cause et à étendre la portée de votre message.

La politique se fixe un but très précis et ponctuel. Elle tente de manipuler les décisions pour qu'elles soient prises à son avantage. Une notion de conflit ou de guerre d'arguments entre en jeu : on gagne ou on perd. Et une fois que la décision est prise, c'est terminé.

Donc, l'influence vise à gagner de nouveaux adeptes, à se propager, tel un virus, et à croître au-delà de son initiateur original. La politique, elle, vise à faire valoir son point et gagner.

La politique est un « zero-sum game », un jeu avec un perdant et un gagnant. L'influence est un jeu ouvert. Plusieurs, voire tous, peuvent gagner sans compromettre l'atteinte des objectifs.

Ainsi, développer votre influence est une excellente stratégie, peu importe la situation. Elle vous permet à la fois de construire, pierre par pierre, dans le temps, quelque chose qui deviendra plus grand que vous-même. Malgré tout, si vous avez ponctuellement besoin d'utiliser une stratégie politique pour obtenir une victoire, votre influence augmentera vos chances en vous donnant plus de crédibilité.

Bâtir votre influence

L'influence n'a pas d'âge

L'influence est un incontournable pour devenir impossible à ignorer. Aucune expérience requise. Que vous soyez stagiaire, débutant ou senior, l'important, c'est que vous possédiez une expertise et que les gens le sachent. De cette façon, les gens feront rapidement le lien entre votre nom, l'expertise que vous affichez et un degré de crédibilité.

Pour gagner en influence, ça prend une motivation et un environnement propice à la valeur que vous apportez. Le désir d'avoir de l'influence ne suffit pas. Même si nous arrivons à la développer de cette façon, cette influence sera vide de sens. Ça revient à être connu parce qu'on est connu. Avoir une influence substantielle peut être l'effet secondaire d'une cause, d'une plateforme ou d'une valeur reconnue qui vient appuyer votre discours et lui donner de la substance.

Le père d'Olivier, maintenant à la retraite, a un jour été touché par un documentaire sur la diminution de la population de papillons monarques. Ça lui a donné envie de faire quelque chose pour endiguer le problème. Il a donc commencé à bâtir des jardins à papillons autour de chez lui. Voulant pousser son initiative plus loin, il a trouvé un terrain, a fait un plan d'affaires et a proposé à la Ville de devenir une Ville amie des monarques. Comme le père d'Olivier avait déjà tout planifié, la Ville n'a pas hésité à investir dans son idée.

Même les villes avoisinantes se sont intéressées à son projet. Il a ainsi contribué à faire connaître le sort des papillons monarques dans plusieurs événements. C'est une conséquence de son influence, car son but premier était tout simplement de sauver les papillons.

Comme vous pouvez le constater, il n'est jamais trop tard pour bâtir son influence.

La règle d'or : ce n'est pas à propos de vous

La règle d'or quand vous voulez pratiquer votre influence ou votre leadership (c'est interconnecté), c'est de se mettre à la place de la personne qu'on tente d'influencer. Ce n'est pas à propos de vous, c'est à propos de l'autre.

La montée de l'individualisme au cours du dernier siècle nous a malheureusement trop souvent déconnectés de notre empathie. Nos réflexes sont devenus « ce que je suis », « ce que je veux », « ce que ça veut dire pour moi »...

Mauvaise nouvelle : vous n'êtes pas si important que ça aux yeux des autres. Dans la majorité des cas, les gens se contrefichent pas mal de vous et de ce que vous voulez. Après tout, ils sont bien trop occupés à se concentrer sur leurs propres désirs, intérêts et intentions.

Ce qui peut leur plaire, par contre, c'est ce que vous pouvez faire pour eux. Alors, en parlant d'eux et de leurs intérêts plutôt que des vôtres, vous aurez beaucoup plus de facilité à obtenir leur attention.

Si vos interlocuteurs sont trop diversifiés pour partager un intérêt unique, établissez votre discours autour d'un « pourquoi » qui réunit des intérêts communs, une cause à laquelle tous peuvent se rallier.

Une cause commune engendre le partage d'idées et le sentiment de communauté. C'est un excellent point de départ pour bâtir une influence.

L'amplitude de l'influence

L'influence peut être exercée autant à une petite échelle qu'à l'échelle planétaire. Il est important de choisir à quel niveau on veut avoir un impact.

Peu importe si votre objectif est d'avoir de l'influence à tous les niveaux, vous devrez tout de même les atteindre un à la fois.

D'abord, demandez-vous sur quels sujets vous souhaitez devenir influent. Par quoi voulez-vous commencer?

Par exemple, si vous embrassez une cause reconnue et importante universellement, comme la protection de l'environnement, il y a peu de chance que vous, en tant qu'individu, exerciez une grande influence. Le temps et le travail que vous devrez investir pour y arriver seraient trop importants pour que ça en vaille la peine. Par contre, si vous rejoignez un organisme qui défend déjà votre cause, vous contribuerez à créer un impact plus grand.

Si votre objectif est d'avoir de l'impact en tant qu'individu, adressez-vous à un public plus restreint. C'est ce qu'on appelle « trouver sa niche ». Visez une catégorie de personnes ou un sujet particulier.

La niche, c'est le secret pour sortir du lot. Une niche peut être un sujet très pointu (les jardins pour papillons monarques, par exemple) ou un angle spécifique pour une cause plus large (comme le recyclage de certains déchets industriels pour en faire des produits à valeur ajoutée).

Vous devez savoir qu'il existe aussi des publics ultra nichés. Nous, les Pyrates, avons une niche dans une niche dans une niche. Nous proposons des changements de dynamiques dans le monde du travail tout en faisant la promotion de l'autonomie et la décentralisation. Nous parcourons des chemins différents des autres et le tout, habillés en pirates. Il va sans dire que nous ne convenons pas à tout le monde. Mais ceux qui choisissent de nous suivre nous écoutent attentivement.

Familiarisez-vous avec les trois niveaux d'amplitude de l'influence et concentrez vous sur celui qui correspond le plus à vos intentions pour commencer :

- *Amplitude restreinte.* Cause ou sujet universels. Trop de gens s'y rattachent, ce qui dilue votre influence.

- *Amplitude moyenne.* Sujet niché, mais avec des ramifications générales. Le public est un peu moins large.

- *Amplitude supérieure.* Sujet très niché. Le public est limité, mais vous devenez LA référence dans votre domaine. Ceux qui vous suivent vous sont fidèles.

Une approche stratégique au développement d'influence

Votre réseau est fort important pour la stratégie de développement de votre influence. Entourez-vous de gens qui font ce que vous désirez faire. Suivez-les sur les réseaux sociaux, participez à leurs formations, assistez à leurs présentations ou conférence.

Ces personnes ont des choses à vous apporter comme des points de vue différents du vôtre. Vous élargirez votre pensée. Vous apprendrez d'eux et, pourquoi pas, peut-être leur apprendrez-vous aussi de nouvelles choses, grâce au partage de votre propre expérience.

Générez des opportunités en discutant, en commentant ou en faisant des rencontres téléphoniques et virtuelles. Les gens refusent rarement une occasion d'enrichir leur réseau.

Vous sortirez de votre isolement. Développez un réseau qui vous permettra de générer des débats et de mettre vos idées à l'épreuve. En effet, il est impossible de faire évoluer votre pensée et votre expertise en vous entourant uniquement de personnes qui partagent vos opinions et votre vision. Si vous commettez l'erreur de vous confiner dans une chambre d'écho et d'échanger seulement avec des personnes qui vous ressemblent, vous serez convaincu de détenir la vérité. Et ça, c'est dangereux.

Plus vous confronterez vos idées, mieux vous développerez votre narratif. Chaque fois que vous l'expliquerez à une nouvelle personne, il se précisera. À tel point qu'à un certain moment, il fera partie de vous. Ça voudra alors dire que votre narratif est très raffiné.

Il existe de nombreuses approches au développement d'influence: discussions directes avec une autre personne, présenter vos arguments en public, utiliser les réseaux sociaux, créer des produits d'information (émissions de télé, podcasts, radio, livres, affiches publicitaires), etc.

Les approches plus directes et personnelles sont utiles pour toucher des individus en particulier comme un donateur, un décideur, un politicien ou un influenceur par exemple. Les approches plus larges permettent de toucher beaucoup plus de gens qui, bien qu'ayant individuellement moins de poids, peuvent, en groupe, former une force d'influence considérable.

Sur les réseaux sociaux, optez pour une approche progressive. Nul besoin de débuter en créant du contenu pour vous faire des contacts. Commenter sous les publications des autres a souvent plus d'impact parce que ça génère des discussions, ce à quoi vos propres publications échouent quelquefois. Vous contribuerez à faire évoluer la réflexion des participants. Une fois que vous sentirez qu'un lien est créé, saisissez l'occasion d'inviter des gens à discuter en privé ou ajoutez-les à vos contacts. Peu importe la plateforme, tâtez le terrain, explorez, participez, puis, quand vous vous sentez prêt, produisez votre contenu.

Si vous adhérez aux idées de quelqu'un, partagez-les. Encouragez les autres. Il est tout à fait acceptable de vous approprier des idées existantes lorsque c'est fait de manière éthique, en donnant du crédit à son créateur. Non seulement vous développerez votre influence, mais vous ferez grandir celle des autres.

Finalement, donnez généreusement en devenant un entremetteur au quotidien. Mettez en relation des gens qui peuvent s'aider, collaborer, se soutenir, partager des idées similaires. Ils se rappelleront toujours l'aide que vous leur aurez apportée et, éventuellement, ce sont eux qui joueront les intermédiaires pour vous.

Bâtir pour l'avenir

Développer son influence, c'est bâtir pour l'avenir. On construit un édifice qui pourra nous servir à nous et à d'autres pendant des années.

L'influence est un jeu sans fin. Il est donc important de vous demander ce que vous visez en développant votre influence. Est-ce que vous voulez battre un compétiteur? Malheureusement, ce n'est pas un objectif d'influence. Vous ne voulez pas battre votre compétiteur. Vous voulez trouver ce qui vous différencie de lui et comment vous démarquer.

La compétition vous place dans une arène de politique et non d'influence. Ce n'est pas un objectif qui rallie les gens. Comme le projecteur ne doit pas être tourné vers vous ou votre organisation, mais sur votre audience, la compétition est incompatible avec l'influence. Dans l'influence, il n'y a pas vraiment de perdant ou de gagnant. Ce n'est pas une dualité. Le but, c'est que tout le monde gagne.

Si vous voulez changer le monde et avoir un impact significatif, le combat sera infini. Il y aura toujours moyen d'aller plus loin. Mais ça comporte des avantages.Vous n'aurez pas forcément à accomplir de grandes choses à fort impact immédiat. Vous bâtirez de petites choses au fil du temps. C'est comme faire de l'exercice. À force d'en faire un petit peu chaque jour, vous développerez votre physique pour être grand, puissant et viril… comme nous.

N'oubliez pas qu'il faut semer avant de récolter les fruits. La patience et la constance sont plus payantes que la quête de la viralité.

Créer des points d'influence externes

Nous sommes des Pyrates pour être impossibles à ignorer. Trouvez votre méthode. Pas besoin de vous déguiser ou d'avoir des propos choquants.

Laissez des traces de vos expertises pour que les gens s'en servent en notre absence. Vous créez alors des points de référence ou d'influence externes.

Vous pouvez, par exemple, écrire des articles ou faire des vidéos sur YouTube. Votre influence travaillera toute seule, sans effort supplémentaire de votre part. Évidemment, vous devez produire du contenu pertinent et susceptible de générer une réflexion ou un débat. Le but, c'est de susciter une réaction, de pousser votre audience à continuer la discussion.

Un des avantages du Web, c'est qu'on a accès aux statistiques. Ces dernières vous informent sur le nombre de personnes qui ont confiance en vous et votre expertise.

Comme votre contenu est facilement accessible en ligne, il est possible qu'on vous demande la permission de le partager sur d'autres plateformes - potentiellement plus populaires que la vôtre. Vous aurez alors une belle preuve de la réussite de votre influence.

Vous augmentez également vos chances d'être invité à participer à des conférences, soit parce qu'on aime vos points de vue, soit parce qu'on apprécie votre approche. Ce sont d'excellentes opportunités d'exposer vos idées à un autre public et de générer des discussions différentes de celles que vous entretenez avec votre audience régulière.

Pourquoi ne pas, vous aussi, inviter des experts sur vos plate-formes? Ce faisant, vous mettrez le projecteur à la fois sur votre invité et sur vous. C'est gagnant-gagnant.

Surtout, ne retardez pas vos débuts sur les plateformes sous prétexte que vous « n'avez pas le temps » de créer du contenu. Recyclez ce que vous avez déjà. Ça peut être n'importe quoi; ne vous censurez pas. En réutilisant des textes, des vidéos ou des graphiques que vous avez déjà en banque, la majeure partie du travail sera faite. Un petit coup de plumeau et le tour est joué!

Gagner en donnant généreusement

Servir sans devenir serviteur

À première vue, ça peut sembler contre intuitif de donner quand on voudrait plutôt vendre ou capitaliser. Le fait est que plus on donne, plus on reçoit. Évidemment, il faut éviter certains pièges. Vous devez apprendre à vous mettre au service des autres… sans devenir un serviteur.

Créer des opportunités pour les autres devrait être un réflexe. Chaque fois que l'occasion se présente de référer quelqu'un ou d'enseigner quelque chose, sautez sur l'occasion. Vous augmenterez ainsi votre influence, mais mettrez surtout en place le genre d'environnement complexe, riche, enrichissant et bénéfique dont vous avez besoin. Plus vous le ferez, plus ça deviendra un automatisme.

Se mettre au service des gens demande peu de temps et d'effort. Mettre en contact deux personnes, par exemple, c'est facile! Pourtant, ça a beaucoup d'impact.

Voyez chacune des actions que vous entreprenez comme un investissement. N'oubliez jamais que vous récoltez ce que vous semez. Pour chacune de vos actions, connaissez les répercussions et les améliorations qu'elles apportent.

N'oubliez pas de vous intéresser aux résultats de vos gestes altruistes en faisant un suivi. De cette façon, vous consoliderez votre connexion et, par le fait même, vous multiplierez vos chances de générer des opportunités. Vous fortifiez votre réseau et vos liens avec les gens autour de vous.

Ouvrez des portes

Ouvrir une porte pour quelqu'un, c'est un truc simple et efficace pour renforcer votre réseau.

La connexion est effectivement l'outil le plus puissant que vous ayez à votre disposition. Jouez à l'entremetteur et mettez des gens en contact. Ne vous contentez pas de donner des adresses courriel et de les laisser se débrouiller seuls pour la suite. Présentez une personne à une autre et utilisez l'influence que vous avez sur les deux parties. Agissez en tant qu'expert, en apportant du contexte aux présentations et en expliquant pourquoi ce serait payant qu'elles soient en contact. Une fois les présentations faites, impliquez-vous dans la discussion. Dans le cas où vous ne pouvez pas assurer votre pleine participation, rappelez aux personnes que vous êtes là en cas de besoin.

Quelques temps après cet échange, faites un suivi auprès des deux parties pour continuer à entretenir vos relations.

Coup de main, coaching et mentorat

Comme vous le constatez, il y a plein de façons d'aider les gens. En voici trois autres :

- **Le coup de main** consiste à aider quelqu'un à réussir ce qu'il est en train de faire. Ça peut être en mettant vous-même la main à la pâte ou en lui donnant des trucs.

- **Le coaching**, c'est de montrer à quelqu'un comment effectuer le travail. En général, si vous êtes le coach, attendez que les gens viennent vers vous. Ils seront prêts à écouter et à apprendre. La règle d'or : « On ne coache pas quelqu'un sans son consentement. »

- **Le mentorat** peut sembler similaire au coaching puisqu'ils partagent un même objectif : l'apprentissage. Or, dans le cas du mentorat, le but transcende le simple apprentissage. La personne n'est pas simplement outillée, mais prise en charge de A à Z. Le mentor lui transmet ses connaissances, lui apprend comme les mettre en pratique, lui explique les secrets de sa réussite, l'épaule… Bref, il la prend sous son aile afin qu'elle développe une certaine expertise de travail, mais également une expertise du milieu.

Donner des super-pouvoirs

Ce concept est tiré du livre *Badass Making Users Awesome* de Kathy Sierra.

Qu'est-ce qu'un super-pouvoir? C'est la capacité à faire quelque chose de mieux que ce qu'on faisait avant, de briller plus, de performer plus, d'être plus badass.

Au départ, faites cette démarche pour vous-même. Toutefois, si l'occasion de l'enseigner à quelqu'un d'autre se présente, n'hésitez pas à le faire. Vous devez seulement être marginalement meilleur que la personne que vous aidez.

Quelle est la différence entre enseigner et donner un super-pouvoir?

Lorsqu'on enseigne quelque chose à quelqu'un, on lui apprend la base d'un élément. Si on lui donne un super-pouvoir, on lui montre comment utiliser efficacement cet élément pour briller.

Prenez l'exemple des fameux classeurs Excel. La grande majorité des gens ne savent pas comment les utiliser adéquatement. Enseignez-leur comment créer automatiquement une table ou formater un fichier pour qu'il soit présentable. Ça deviendra leur nouveau super-pouvoir. Du jour au lendemain, ils exécuteront leur travail de façon plus efficace et plus satisfaisante. Transférer un super-pouvoir à quelqu'un, c'est aussi simple que ça!

Votre but devrait être de faire briller la personne à qui vous donnez un nouveau super-pouvoir. Si elle reçoit des félicitations ou obtient une promotion grâce à cela, soyez fier de vous. Ça signifie que votre super-pouvoir a été efficace. C'est le genre de choses dont les gens se souviennent pour toujours. Ils ne manqueront pas de vous retourner l'ascenseur.

Comment donner quand on possède peu

Donner c'est bien, mais nos ressources ne sont pas infinies. Alors comment peut-on faire pour donner beaucoup quand on possède peu?

Nous vous suggérons d'y aller doucement, par petits morceaux, en vous assurant que chacun des gestes que vous posez ait un impact. Ça peut être aussi simple que de consacrer 5 minutes par jour à aider quelqu'un.

L'important, c'est de le faire avec constance, sans tout investir en une seule fois. N'oubliez pas de vous protéger dans ce processus. Les actions que vous entreprendrez doivent produire un bon impact à la fois sur les autres et sur vous.

Lorsque vous apportez votre aide à quelqu'un, demandez-lui si ça lui a été utile et ce qu'il a appris. Terminez toujours la rencontre par la question : « Es-tu content? » La personne devra s'arrêter une fraction de seconde pour vous répondre. À ce moment, elle internalisera sa gratitude, scellera sa reconnaissance et sera plus prompte à en faire part aux membres de son réseau.

Si vous en avez envie, demandez-lui comment elle compte transférer ce super-pouvoir à quelqu'un d'autre. Sensibilisez-la au fait que ça exige peu en temps, en énergie ou en argent, mais que ça rapporte beaucoup. Petit bémol, toutefois. Vous devez vous méfier des vampires d'énergie et de valeur. Il y a des gens qui essaieront d'abuser de votre générosité.

Quand vous sentez qu'une personne est trop insistante, c'est fort probablement un signe qu'elle essaie d'extraire votre valeur. Méfiez-vous.

Rendre vos paroles impossibles à ignorer

Prendre position

Ce n'est pas en faisant comme les autres qu'on arrive à se démarquer. Il faut plutôt prendre position. Une position qui soit claire, définie et, parfois, un peu choquante.

Ce n'est pas facile pour tout le monde. Cependant, plus un message est édulcoré, plus sa force est diluée. L'objectif n'est pas que tout le monde soit d'accord avec vous; c'est d'être impossible à ignorer. Pour cela, il faut adopter une position qui marquera les esprits.

Ultimement, le but n'est pas d'amasser la plus grande audience ou le plus grand nombre de clients. Allez chercher un public de qualité qui ne fera pas que consommer, mais qui sera prêt à agir.

Posez-vous ces questions :

- Quel est mon positionnement?
- Quel est mon message ?
- En quoi mon message se démarque-t-il?

Votre positionnement et votre message évolueront jusqu'à ce que vous trouviez votre approche préférée et l'audience qui vous correspond.

Devenir un raconteur

Le storytelling (*accroche narrative* en français québécois), c'est l'art de raconter, de tout formuler sous la forme d'une histoire. Pourquoi? Parce que c'est une façon agréable pour les humains de comprendre le monde qui les entoure. C'est un outil d'apprentissage puissant.

Bien sûr, pour qu'une histoire ait de l'impact, elle doit résonner avec les gens.

Voici les composantes essentielles d'un storytelling efficace :

1. L'histoire doit enseigner quelque chose, donner une leçon. Pour que ce soit efficace, il doit évidemment y avoir un lien entre ce que vous racontez et l'audience à qui vous vous adressez. Il faut choisir la bonne histoire pour faire passer notre message.

2. Dans l'histoire, il doit y avoir des conséquences et des résultats. Assurez-vous toujours que la leçon à tirer de votre histoire soit en lien avec des conséquences positives ou négatives. Certaines personnes assimilent mieux les informations si on met en évidence les pertes potentielles. D'autres, plus idéalistes, sont intéressées par les avantages.

3. Exprimez clairement les impacts positifs ET négatifs dans l'histoire que vous racontez. C'est une approche très puissante puisque vous vous adressez à deux types de personnes simultanément.

Questionner

Un bon moyen de devenir impossible à ignorer, c'est remettre constamment les choses en question. Pour ce faire, utilisez fréquemment le mot « pourquoi ».

C'est la question la plus simple, mais la plus enrageante au monde. Elle vous force, pour réussir à y répondre, à réfléchir. Or, trop souvent, les gens disent ou demandent des choses sans se poser de questions.

La pire réponse que l'on peut recevoir à un « pourquoi? », c'est « Parce que c'est comme ça qu'on l'a toujours fait. » C'est le renoncement ultime.

Le pourquoi, c'est la valeur, la raison pour laquelle on fait les choses. C'est cette valeur qui doit primer sur tout le reste. Si le pourquoi n'est pas clair et bien défini, votre action est vaine.

Même si la valeur de ce que vous faites semble évidente, n'hésitez pas à la remettre fréquemment en question. Une nouvelle stratégie plus efficace et plus intéressante pourrait ouvrir la voie à un apport de valeur supplémentaire.

Créer des mouvements

La portée des réflexions personnelles se limite à vous. Cependant, si vous cogitez à deux ou à trois, vous avez un équipage et vous créez un mouvement.

Un équipage, c'est un groupe de personnes qui décident de travailler pour aller dans la même direction et pour atteindre les mêmes buts.

Les opinions et les points de vue de l'équipage peuvent diverger du vôtre. En fait, c'est très bénéfique pour raffiner votre approche. Le plus important, c'est que les réflexions s'alignent avec les résultats souhaités.

Pendant la discussion, vous arriverez à un point où vous établirez un bon « pourquoi » et un bon « comment ». À partir de là, vous commencez à créer un mouvement. Comme vous êtes plusieurs, vous êtes plus forts.

Les loups solitaires ne rallient pas les gens. Porter seul un projet est un fardeau. Quand plusieurs individus se rallient à une cause, chacun peut la porter de son côté et créer un effet domino en entraînant des gens de leur réseau qui, à leur tour, rejoindront le mouvement et ainsi de suite.

Armé de votre « pourquoi » et de votre « comment », vous créerez quelque chose de plus grand que vous et votre projet sera porté par un maximum de gens. De cette façon, il pourra vivre à l'extérieur de vous et vous n'aurez pas à faire un marketing constant et harassant pour le faire connaître. Ce sera beaucoup plus efficace, car vos idées se propageront naturellement.

Bâtir un argument

La règle d'or (bis)

Revoici la règle d'or pour convaincre les gens d'à peu près n'importe quoi : ce n'est pas à propos de vous. Toutes vos communications doivent être inspirées par la personne que vous voulez convaincre.

L'idée derrière cette règle, c'est de servir les intérêts d'une autre personne tout en servant les vôtres. Pour convaincre, vous devez connaître les besoins de l'autre et trouver comment ils peuvent s'aligner avec les vôtres. Cherchez à comprendre les préoccupations de cette personne et ce qu'elle essaie d'accomplir. Intéressez-vous réellement à elle. Votre projet doit l'interpeller.

En résumé, vous devez être à l'écoute et faire preuve d'empathie envers les autres. En plus de vous aider à faire accepter vos arguments ou vos demandes, cela vous amène à forger de meilleures relations avec eux et à mieux les comprendre.

Comprendre notre public

Nous vous avons précédemment expliqué à quel point il est important de s'intéresser à la personne qu'on essaie de convaincre. Voici comment vous y prendre.

1. Comprenez réellement à qui vous vous adressez. Ne vous contentez pas des présentations d'usage. Prenez le temps de vous asseoir, de parler et d'écouter. Posez des questions à propos des objectifs, des buts et des valeurs de la personne avec qui vous discutez. Soyez attentif à ses attentes. Vous aurez plus d'informations et vous saurez si vos intérêts sont compatibles. Même si vous n'êtes pas totalement en accord avec cette personne, trouvez un moyen pour que vos idées s'harmonisent avec ses objectifs.

2. Proposez une solution à un des problèmes de la personne. Vos chances d'en faire une alliée s'en trouveront multipliées.

3. Analysez les pouvoirs et les limitations de la personne afin de les comprendre. Si vous faites une demande démesurée à quelqu'un qui a très peu de pouvoir, les chances sont minces qu'elle puisse réellement vous aider.

Placer les gens devant le fait (presque) accompli

Ce qui freine la plupart des gens qui désirent monter un plan d'affaires ou un argumentaire, c'est que la personne à convaincre se trouve généralement en position d'autorité et a autre chose à faire que d'écouter des revendications.

La solution? Faites le travail vous-même. Entreprenez des recherches, allez aux sources et regroupez les informations. Établissez un comparatif. Analysez ce qui se fait ailleurs, ce qui existe de semblable sur le marché et les coûts de votre demande. Bâtissez un rapport ou un résumé. Évitez les documents contenant des dizaines de pages, ça donne une excuse pour ne pas les lire. Il existe plein d'outils pour présenter de l'information en une seule page. Nous recommandons souvent d'utiliser un canevas de modèle d'affaire (business model canvas).

Ensuite, expliquez clairement et succinctement à votre interlocuteur à quel point votre solution apporte des avantages, spécifiquement pour lui, son environnement et son organisation. Si vous connaissez le montant des budgets alloués, démontrez que les frais de votre projet ne feront pas exploser les dits budgets et, encore mieux, que votre initiative peut être payante. Ne vous contentez pas de parler d'argent! Discutez aussi des gains et des pertes en temps, en santé et en énergie. Bref, parlez du retour sur investissement.

Si vous avez des témoignages de gens qui ont expérimenté l'idée que vous proposez, intégrez-les dans votre étude. En gros, tentez de répondre à toutes les questions que pourrait se poser la personne à qui vous présentez votre proposition. Plus vous avez d'informations, plus vous augmentez vos chances d'obtenir une réponse positive.

Finalement, offrez différentes options à votre interlocuteur. Ce faisant, vous lui octroyez le pouvoir décisionnel. Vous donnez à la personne l'impression d'avoir le contrôle sur sa décision. Attention, ne tombez pas dans le piège d'offrir une l'option que vous souhaitez avoir, accompagnée d'une seconde option qui ait l'air terriblement désavantageuse : la personne pourrait choisir cette dernière.

Ne pas le faire serait pire

Dans votre plan, incluez les risques encourus par la personne ou l'entreprise si elle refuse d'acquiescer à votre demande. C'est particulièrement important quand vous faites affaire avec des gens dont le réflexe est de dire non parce que dire oui leur ferait courir un risque qu'ils n'ont pas envie de prendre. Par défaut, leur réponse est toujours non.

Sans mentir et sans manipuler l'information à votre avantage (la personne doit dire oui pour les bonnes raisons), arrangez-vous pour que ça soit plus avantageux de dire oui que de dire non.

Une des bonnes stratégies pour y arriver, c'est de parler des conséquences d'un non. Le non en lui-même n'a peut-être pas d'impact, mais certains événements liés à des risques sous-jacents à l'immobilisme pourraient se réaliser et entraîner d'autres problèmes. Personne n'aime perdre le contrôle, alors mettez ces risques en lumière et expliquez-en les tenants et aboutissants. Vos arguments deviendront soudainement très puissants.

Parfois, il suffit même de mettre le doigt sur LE risque qui pourrait déranger votre interlocuteur pour faire pencher la balance d'un non vers un oui.

Évidemment, demeurez dans la vérité. Si vous beurrez trop épais, votre interlocuteur sentira que vous le manipulez et le résultat sera contraire à l'effet escompté.

Au besoin, trichez

Tricher, c'est la stratégie de dernier recours, celle à utiliser lorsque l'on est face à quelqu'un de très récalcitrant qui dira systématiquement non, par principe.

Alors, l'objectif est de lui enlever son pouvoir de dire non. Assurez-vous dès le départ qu'il ne puisse pas tabletter votre demande ou la refuser automatiquement. Pour y arriver, parlez de votre processus à d'autres personnes, récoltez de l'information et brainstormez avec des collègues. Renseignez-vous auprès d'un employé du département des finances pour tester la faisabilité financière de votre projet.

En agissant de cette façon, lorsque vous irez voir monsieur ou madame «Non», vous lui montrerez que vous avez discuté de votre idée avec des gens, que vous avez vérifié certains éléments auprès des experts potentiellement impliqués et qu'ils vous ont donné leur opinion. D'emblée, ça laisse sous-entendre que votre proposition est impossible à ignorer, car trop de gens sont au courant. Et pas n'importe qui : des gens capables d'en parler, d'agir et de pointer du doigt le responsable s'il ne prend pas minimalement le temps d'étudier votre projet.

L'idéal, si vous souhaitez utiliser une telle stratégie, est de vous trouver de bons alliés, des gens « pesants » dans l'organisation et qui ont intérêt à ce que les risques mis en lumière par vos recherches ne se concrétisent pas. N'oubliez pas que c'est une stratégie de dernier recours. Elle doit faire partie de votre sac à outils, mais n'en abusez pas.

Oui, en tant que Pyrates, on triche. Mais soyez de fins stratèges. Faites attention à quand et à pourquoi vous le faites. Le jeu doit en valoir la chandelle!

Partie 4

Pyratiser son leadership

Le leadership : moins d'égo, plus de vision

Boss vs Leader

Contrairement aux croyances, un patron n'est pas nécessairement un leader. L'inverse est également vrai: un leader n'est pas nécessairement un patron. Pour les besoins de la cause, les patrons qui ne sont pas des leaders s'appelleront ici les boss.

Mettons-nous dans la peau du boss. Selon lui, le monde tourne parce qu'il existe. Alors, on doit faire ce qu'il veut, comme il le veut. Il considère qu'il est « en charge » de l'entreprise, du département ou de l'équipe. Il doit avoir le contrôle. Il n'encourage pas la réussite; il l'exige.

Le boss voit souvent l'entreprise ou l'organisation comme une machine bien huilée dont il peut changer les pièces (les employés) comme bon lui semble. Pour lui, les gens sont des pions qu'il peut bouger à sa guise pour se rendre jusqu'à la réussite. SA réussite.

Pensons maintenant comme un leader. Le leader fait tout ce qu'il peut pour créer les conditions qui mèneront son équipe vers le succès. Il ne cherche pas à utiliser son autorité et à se faire obéir. Ce qu'il a réellement à cœur, c'est la réussite de tous, mais pas à n'importe quel prix.

Le leader ne s'exprime pas au « je », mais au « nous ». Le leader n'impose pas qu'on le suive. Il fait en sorte que sa façon d'agir et d'interagir donne envie de le faire volontairement. Il montre l'exemple, met les mains à la pâte, est attentif aux demandes et aux besoins des membres de son équipe et propose des solutions.

Le leader agit davantage comme un jardinier. Il essaie de cultiver un terreau fertile pour que ses plantes (employés) puissent pousser et s'épanouir. Il en prend soin pour s'assurer qu'elles se développent à leur plein potentiel.

Ce dont les organisations ont réellement besoin, c'est avant tout de leaders qui comprennent que l'environnement de travail forme un écosystème qu'il faut cultiver avec cœur et non de boss qui tirent sur les plantes dans l'espoir qu'elles poussent plus vite.

Pensez à votre situation et posez-vous cette question : « Si votre gestionnaire n'avait aucune autorité sur vous, le suivriez-vous quand même? » Si la réponse est oui, c'est que vous avez la chance de collaborer avec un leader. Si c'est non, c'est que vous êtes probablement sous le joug d'un boss.

Développer votre leadership

L'auteur et conférencier Simon Sinek affirme : « Être un leader, c'est un peu comme être un parent : tout le monde a la possibilité de l'être. Mais ça ne veut pas dire que tout le monde a envie de l'être et ça ne veut certainement pas dire que tout le monde devrait l'être. »

Ce qu'il veut dire, concrètement, c'est que le leadership n'est pas inné. Ça prend le bon état d'esprit et des efforts délibérés pour le développer. La bonne nouvelle? Vous pouvez devenir un leader dès que vous vous sentez prêt, peu importe votre âge.

En effet, il n'est pas nécessaire d'avoir de l'expérience pour aider quelqu'un, ouvrir des portes et créer des opportunités. Ça s'apprend par la pratique. C'est en le faisant qu'on prend de l'expérience.

Enseigner le leadership, c'est difficile, mais faire émerger votre leadership naturel est beaucoup plus simple. C'est encore plus vrai pour les gens en début de carrière qu'on relègue dans un petit coin sans jamais leur demander leur avis.
Or, pour développer votre leadership, vous avez besoin de pratique. Si vous êtes dans une situation de quasi anonymat, prenez

les choses en main. Associez-vous aux bonnes personnes, écoutez-les et apprenez d'elles. Plus votre confiance grandira, plus votre leadership se développera et plus vos chances d'obtenir la promotion tant désirée augmenteront.

Trop souvent, les promotions sont accordées en fonction du nombre d'années passées dans l'entreprise ou sur la base d'un talent quelconque. On pense faire une faveur aux personnes promues, mais ça peut rapidement devenir un cadeau empoisonné. Ça prend plus que ça pour être un bon leader. On peut apprendre à être un patron en deux jours, mais devenir un leader demande du temps.

La première responsabilité d'un leader

La première responsabilité d'un leader n'est pas de réussir ou d'atteindre des objectifs, mais de créer d'autres leaders.

Pour y arriver, créez un contexte de réussite.

Évidemment, vous ne pouvez forcer personne à devenir un leader. Il faut vouloir le devenir. Alors, identifiez quelqu'un avec du potentiel et qui veut apprendre. Donnez-lui les bons outils et mettez-le au défi avec bienveillance. Vous l'amènerez ainsi à avoir de plus en plus confiance en ses capacités.

Il n'y a pas de formation formelle pour devenir un vrai leader. Il y a des habitudes à développer par la pratique qui finissent par devenir des forces. La plupart du temps, les gens ont déjà des modèles autour d'eux comme un leader-mentor qui peut les guider en expliquant ce qui est important et pourquoi.

Plus on forme de leaders, plus une équipe devient solide. C'est ce qu'on appelle une équipe de champions. Même si certains des membres sont des leaders partiels, des gens qui se démarquent moins que les autres, il est important que tout le monde puisse contribuer à l'atteinte des objectifs et à la prise en charge de certaines tâches de façon autonome et sans crainte.

Le leadership d'intention

Le leadership d'intention est lié aux objectifs ou à la valeur qu'on souhaite atteindre.

Si votre objectif est d'être le patron et de donner des ordres, vous avez l'obligation d'avoir raison en tout temps. Vous devez connaître par cœur la façon dont chacun de vos employés doit effectuer son travail. Sinon, vous risquez de mettre votre équipe dans le pétrin.

Par contre, si vous désirez être un bon leader, vous n'avez qu'à embaucher des gens compétents, à leur donner un objectif très clair, puis à les laisser travailler et prendre les décisions nécessaires pour atteindre l'objectif sans vous interposer. Demeurez cependant disponible pour informer, éclairer et aider au besoin.

Il est important de noter que le leadership d'intention ne s'adopte pas du jour au lendemain. C'est un apprentissage et une façon de penser qui requièrent une excellence technique de la part des membres de l'équipe.

Le leadership d'intention peut très bien être utilisé par un patron souhaitant se mettre au service de son équipe pour favoriser la réussite, mais aussi par les membres de l'équipe, à petite dose, dans le quotidien. Par exemple, un membre peut énoncer le résultat qu'il vise et la méthode par laquelle il pense y arriver. Puis, le reste de l'équipe peut approuver l'approche ou proposer des solutions alternatives.

C'est en pratiquant le leadership d'intention, c'est-à-dire en laissant les experts qui constituent votre équipe penser par eux-mêmes, que vous en tirerez le meilleur parti. Car en faisant confiance à leurs compétences, vous leur donnerez envie de vous fournir la valeur dont vous avez besoin (et même plus!).

Pour que tout le monde soit à son meilleur, débutants comme experts, mettez l'accent sur l'encadrement et les formations.

Identifier un bon leader

Un bon leader est un guerrier

Un bon leader, c'est d'abord et avant tout un guerrier. C'est quelqu'un qui ne craint pas de faire preuve de courage et de prendre des risques, que ce soit dans ses décisions ou dans sa prise de position.

Les risques peuvent être aussi petits que simplement sortir de sa zone de confort ou aussi grands que de risquer son emploi pour son équipe.

Il ne faut pas avoir peur de la confrontation non-agressive. Avoir une conversation difficile, par exemple, est une forme de confrontation, même quand le but est d'être aligné et d'aider l'autre. Discuter d'un point à améliorer ou dire à son propre patron qu'on est en désaccord avec lui sont aussi des preuves de courage.

Un leader-guerrier inspire les autres à l'être également. Il donne envie aux gens de le suivre et de le soutenir et ce, peu importe les conséquences. À force de se mettre à risque pour ses collègues, les autres le feront également pour lui.

Un bon leader est un opportuniste antifragile

Un bon leader est à l'aise avec l'émergence et avec l'inconnu. Ça ne veut pas dire qu'il est entièrement confortable, ni qu'il trouve ça plaisant, mais il accepte de ne pas avoir le contrôle sur tout, en tout temps.

Il garde confiance parce qu'il sait qu'il est entouré d'une bonne équipe pour faire face à l'imprévu. Il n'exige pas que ses employés ou collègues aient réponse à tout et qu'ils puissent tout prévoir. Il leur dit simplement : « Voici les résultats qui doivent être atteints. De quoi avez-vous besoin pour y arriver? » Il explique qu'il leur fait confiance et pour quelles raisons. Son objectif premier est toujours de créer des conditions de succès.

Évidemment, une équipe antifragile, ça se forme. Pour ça, il faut créer des occasions de faire face à de l'inconnu, puis à de l'émergence. Le leader n'a pas le choix de prendre des risques. Heureusement, il est possible de minimiser pratiquement tous les risques en les scindant en une multitude de petits risques à impact contrôlé (petites expériences contrôlées).

Comme rien n'est sûr, le bon leader n'exige pas de garanties des autres non plus. Il veut simplement être certain que son équipe est consciente des risques, qu'elle est capable de les identifier et d'y apporter des solutions au besoin.

Bien sûr, on ne peut pas tout le temps gagner. Il arrive parfois que les choses n'aillent pas comme prévu. C'est pourquoi il est important de connaître dès le départ l'impact de l'échec dans le cas où il se concrétiserait.

Maintenant, être un opportuniste antifragile implique de savoir quand couper les frais et quand changer de stratégie. Un plan voué à l'échec mérite qu'on s'y attarde pour comprendre ce qui ne fonctionne pas et ce qui doit changer, soit le plan, soit l'objectif ou même les deux! Quelquefois, ce sera plus simple d'abandonner et de simplement accepter l'échec, mais ce sera plus rare.

Un échec, ce n'est pas la fin du monde. Quand on se pose les bonnes questions, les leçons qu'on tire de l'échec sont encore plus riches que celles tirées des victoires. Le risque pris va rapporter d'une façon ou d'une autre. C'est ce qui rend les petites expériences contrôlées si importantes; elles permettent d'explorer, d'apprendre et d'échouer sans conséquences significatives le cas échéant.

Les leaders ne sont pas tous antifragiles, mais c'est une qualité qui se développe avec le temps. Il suffit de comprendre le fonctionnement de l'antifragilité et de se placer volontairement dans des situations pour la mettre en application le plus souvent possible.

Un bon leader est au service des autres

Un bon leader n'est pas à son propre service, mais au service des autres. On le reconnaît à ses gestes et comportements qui sont simples, mais éloquents. Il facilite le travail de ses employés et de ses collègues. Il désire que leur expertise soit reconnue par tout le monde. Il laisse les autres briller et va même jusqu'à s'effacer pour laisser son équipe recevoir tous les applaudissements.

Ce n'est pas celui qui crie le plus fort ou qui donne le plus d'ordres. C'est celui qui mène tout le monde vers le succès. Ce type de leader est plus difficile à trouver parce qu'il ne se met pas à l'avant-plan.

Dans une entreprise, si vous voulez identifier les vrais leaders, remarquez ceux qui préfèrent diriger les projecteurs sur les autres. Ça peut être n'importe qui. Ce ne sont pas nécessairement les personnes en position d'autorité ou celles qui arborent un titre impressionnant. Ce sont souvent celles qui sont en place depuis longtemps, qui connaissent bien le système et qui aident les gens à progresser.

Un leader au service des autres créera des opportunités pour les gens. Il les aidera à se développer. Il offrira son appui pour faciliter ou rendre possibles certaines actions. Il demandera constamment « Qu'est-ce que je peux faire pour aider? ».

Un leader au service des autres ne vit pas par l'égo. Il comprend que son succès et le succès de l'organisation dépend du succès de ceux qui l'entourent.
Un bon leader rend meilleur tout ce qu'il touche
Un bon leader s'assure toujours de mettre en place des conditions optimales de succès.

Il le fait souvent par de petits gestes, mais de manière constante. Par exemple, lorsqu'il discute avec un membre de son équipe, il essaie d'améliorer la situation ou d'optimiser la relation. Ça peut être un geste aussi simple que de montrer à quelqu'un comment utiliser un fichier Excel. Au bout du compte, chaque petit comportement, geste ou habitude a un grand impact.

Quand un bon leader rend les gens autour de lui meilleurs, il leur transmet en même temps des super pouvoirs. Il leur apprend à améliorer leur vie à court ou à moyen terme pour qu'ils brillent et qu'ils gagnent en autonomie.

Un bon leader est fier de ceux qui le dépassent

Souvent, les gens ne veulent pas aider les autres parce qu'ils craignent de se faire voler leur job. Ils font alors tout ce qui est en leur pouvoir pour empêcher les autres de s'épanouir et de monter les échelons comme si c'était une compétition. Loin d'être des leaders, ces gens vont développer l'habitude de considérer (et traiter) les autres comme des followers, les empêchant de devenir des leaders eux-mêmes.

Développer des leaders et les mettre en contact avec les bonnes personnes pour faire exploser leur potentiel n'est pas un jeu à somme nulle (zero-sum game). Au contraire, la somme est infinie. En faisant briller les autres, notre leadership brille par la bande. Et plus il y a de leaders, plus il y a de potentiel qui se développe et d'opportunités qui s'ouvrent. Plus il y a de gens qui atteignent leurs objectifs, plus le succès collectif de l'organisation est assuré.

Vous voulez vous entourer de leaders? Aidez les gens autour de vous à faire émerger leur propre potentiel! Ils n'en sont pas conscients, mais ils ont ce qu'il faut.

En bref, un bon leader ne voit pas les autres comme des followers, mais comme des leaders en puissance et il les traitera en conséquence. Il amènera les autres à se dépasser jusqu'à ce qu'ils deviennent même meilleurs que lui et c'est là qu'il aura le sentiment du devoir accompli.

« Nous sommes le socle sur lequel ils croissent. »
- Yoda, La guerre des étoiles : Les derniers Jedi.

Communiquer un besoin efficacement

Comprendre la valeur recherchée

La valeur, comme vu précédemment, est la raison de nos actions.

Faites-vous un devoir d'exiger qu'on vous explique les fondements d'une demande. N'investissez ni votre temps, ni vos efforts sans comprendre l'importance de ce qui est demandé et les raisons de sa priorisation. Vous générerez plus d'impact et de qualité et vous diminuez les pertes de temps et la gestion à courte vue.

La réponse au pourquoi ne doit jamais être « parce que je l'ai demandé ». On devrait plutôt vous expliquer l'avantage recherché et les mesures de succès. En entreprise, les mesures sont importantes. On veut savoir quels sont les risques et comment les minimiser. Tout ce qui est mesurable n'a pas nécessairement de valeur, mais tout ce qui a de la valeur devrait être mesurable. Si ce n'est pas le cas, la demande doit être révisée ou rejetée.

La valeur ne se traduit pas que par des signes de dollars. Il y a plus que l'argent. La valeur peut se mesurer en gain de temps, en développement de nouveaux marchés, en qualité de service, en niveau de satisfaction ou de vie, en bonheur au travail, etc.

Pour évaluer la valeur d'une demande, posez-vous la question « pourquoi » jusqu'à ce que vous trouviez la racine du problème. Imaginez que la demande est un oignon et pelez-le jusqu'à ce que vous arriviez au cœur.

La vision

Pour réussir à communiquer un besoin efficacement, il faut le mettre en relation avec la vision ou les objectifs de l'organisation dans laquelle nous évoluons. Qu'essaie-t-on d'accomplir en tant que groupe? En tant qu'entité?

La vision est comme un phare dans la nuit, nous ramenant sur la bonne voie. Si votre vision des choses n'est pas claire, vous aligner aux objectifs de l'entreprise sera difficile. Avez-vous déjà essayé d'aller à un endroit sans avoir l'adresse? Vous en serez réduit à improviser.

Si la direction à prendre vous est inconnue, vous vous égarerez et vous gaspillerez beaucoup de temps.

Un bon leader se positionnera comme gardien de la vision. Il prendra le temps de la rappeler constamment et de la clarifier lorsqu'elle évoluera. Il s'assurera aussi que la valeur recherchée soit alignée avec les objectifs et les différents niveaux de la vision. C'est ainsi que l'équipe pourra cerner son impact potentiel sur l'organisation.

Le leader sait aussi s'adapter à son audience. Il parle en termes techniques à son équipe et traduit le tout en langage d'affaires pour la direction. Il a la capacité d'harmoniser les deux. Il sera également en mesure de démontrer comment le travail de son équipe s'imbrique dans la vision et la destination de l'organisation, notamment en termes monétaires.

Il est important d'apprendre à parler la langue de ceux qu'on souhaite convaincre.

Structurer une demande et stimuler l'autonomie et la créativité

Le leader a la capacité de parler à la fois aux employés et aux gestionnaires en utilisant une langue presque commune : l'entre-deux. Pour structurer une demande qui stimulera l'autonomie et la créativité des employés, deux éléments nécessaires à leur bonheur), une série de petites mesures peuvent être mises en place.

1. *Expliquer le « pourquoi » plutôt que le « comment ».* On ne dit pas ce qu'on veut faire ni comment on va le faire, mais pourquoi on veut le faire. Ainsi, l'employé qui propose son idée à son patron révèlera l'intention derrière l'action ainsi que le gain potentiel. Le gestionnaire, quant à lui, s'assurera que les membres de son équipe ne se contentent pas d'être des exécutants, mais des collaborateurs qui comprennent pourquoi leur expertise et leur expérience sont requises pour le projet.

2. *Décrire le gain potentiel pour l'organisation et les méthodes de mesure.*

   « Dans le but de gagner cet avantage, nous proposons cette stratégie. »

   En décrivant ce que la valeur recherchée apportera à l'organisation, le gain deviendra fixe, que ce soit de l'argent, du temps, un avantage ou autre. On pourra alors se contenter de débattre de la stratégie et non de l'ensemble du projet. Le gestionnaire peut suggérer une approche entièrement négociable. Co-créer la stratégie est recommandé. L'union fait la force! Il faut arriver à mettre en place une approche solide et efficace.

3. *Encadrer la stratégie.* Il est important d'ajouter des conditions de succès. Comment saura-t-on qu'on a réussi à atteindre notre objectif? Que comptons-nous mesurer et de quelle façon?

   Il faut aussi prendre en compte les contraintes. Ce sont des variables ou des besoins qui nous limitent dans l'accomplissement de la stratégie. Parfois, c'est le temps, l'argent ou les outils, ou des variables avec lesquelles on doit jongler, comme un départ, un manque d'expérience ou une fermeture inattendue.

En réunissant tous ces ingrédients, on en arrive à la formule gag-
nante suivante :

*Dans le but d'obtenir cette valeur, nous proposons une stratégie X
dans laquelle on compte mesurer Y. Les conditions de succès sont Z
et les contraintes sont C.*

En somme, un bon leader est un expert du problème plutôt que
de la solution. « Tombez en amour avec le problème, pas avec
la solution », comme on dit dans le monde des startups. Comprenez le problème et ses effets en profondeur et laissez la porte
ouverte à toutes les solutions. Laissez vos experts les trouver.
Puis, mettez chaque solution à l'épreuve de votre maîtrise du
problème.

Évaluer le succès

Bien mesurer le succès, c'est ce qui permet d'évaluer l'impact de
vos accomplissements. Un bon indicateur doit pouvoir démontrer une variation, comme une augmentation ou une réduction,
d'un facteur déterminé au début de l'expérience. Ça peut être
l'augmentation des revenus ou de la satisfaction des clients. Du
côté des réductions, on peut penser à une réduction des risques
ou du temps de maintenance.

Le but n'est pas de savoir combien de tâches sont effectuées. Ce
qui compte, c'est d'analyser si nos actions produisent l'augmentation ou la réduction attendue et d'établir une méthode pour
arriver à la mesurer rigoureusement. L'important, c'est d'avancer dans la bonne direction pour atteindre l'objectif. Si les plans
doivent changer en cours de route, n'hésitez pas à le faire. Ap-
puyez-vous sur vos données pour expliquer pourquoi.

Surtout, évitez les indicateurs qui ne servent que votre vanité.
Si vous avez eu 18 000 visiteurs sur votre site Web pendant le
mois, c'est super. Bravo! Mais si le taux de conversion est nul, au
bout du compte, c'est un flop. Vous retournez à la case départ,
car vous n'avez pas su captiver la bonne audience.

Dans une organisation Agile, la principale mesure de succès, c'est la satisfaction du client. Dans cette perspective si le client n'utilise pas votre produit ou ne l'aime pas, c'est un échec. Même si votre produit est le plus original au monde...

Attardez-vous également à mesurer l'effort, car il y a une grande différence entre efficacité et efficience.

La mise en place d'un système super fonctionnel vous rendra peut-être plus efficace, mais si vous investissez trop de ressources par rapport au gain potentiel, l'exercice est contre-productif. C'est comme essayer de tuer une mouche avec un bazooka. Une tapette à mouches, c'est simple, ça ne fait pas exploser la maison et ça tue la mouche.

La définition de l'efficience est la performance, la capacité de rendement. Si vous faites preuve d'efficience, vous devriez suivre votre plan et être au fait de la prochaine étape à réaliser pour vous rapprocher de votre objectif. De cette façon, vous aurez une idée claire de votre progression et de votre position, tout en étant en contrôle.

Encore une fois, être l'expert du problème est crucial. C'est la base pour comprendre si vos efforts s'attaquent réellement à la source du problème ou si vous travaillez à masquer les symptômes.

Soutenir une équipe

Non aux anti-champions

Pour que vous puissiez soutenir efficacement votre équipe, entourez-vous de champions et de leaders compétents et autonomes.

Ne vous laissez pas berner par ces faux leaders :

1. *Les anti-leaders.* Ils se savent compétents et se croient indispensables dans leur rôle, mais ils utilisent leur pouvoir pour terroriser leur entourage professionnel et rendre leurs collègues misérables.

    Ils considèrent que les autres sont à leur service pour les faire briller. Si des éléments du travail leur semblent moins intéressants ou moins gratifiants, ils les laisseront à leurs coéquipiers.

    Il arrive assez fréquemment que les compétences des anti-leaders ne soient pas aussi grandes qu'ils le prétendent, mais ils se vendent avec tellement de conviction que les autres l'acceptent comme vérité.

2. *Les exécutants.* Ce sont ceux qui se moulent aux opinions des autres, qui ne prennent aucune responsabilité et qui fuient toute prise de décision. Ils peuvent avoir d'excellentes compétences techniques qui leur donnent une apparence de leadership. Par contre, même s'ils savent pertinemment que ce qu'on leur demande est voué à l'échec, ils procéderont quand même parce que « le boss l'a demandé ».

    Ces laquais trouvent du réconfort à faire ce qu'on leur dit de faire. Après tout, on ne peut pas leur reprocher d'avoir suivi les ordres à la lettre, n'est-ce pas?

3. *Les superstars.* Ce sont les personnes qui prennent de la place en réunion et qui répondent toujours aux questions. Volontairement ou pas, elles sont devenues la voix de l'équipe. Le danger est que les autres s'empêchent de s'exprimer.

4. *Les lieutenants.* Ce sont les yes-men, les béni-oui-oui, ceux qui agissent en secrétaire. Ils sont là pour prendre des notes et soutenir tout ce que dit la personne dont l'opinion est la plus populaire, surtout si elle est en position d'autorité. Ce type d'individu ne devrait jamais faire partie d'un groupe décisionnel.

5. *Les perroquets.* Ce sont les gens qui n'ont pas d'opinion, qui attendent la permission pour parler et qui se contentent de répondre « comme lui ». Nos grands-mères appelaient ces gens des pâtes molles. Ils n'ont aucune réelle qualité de leader.

Positionnez-vous comme un allié

Qu'on soit gestionnaire ou équipier, notre rôle n'est pas de blâmer des gens quand il y a un pépin, mais de soutenir les autres. La personne n'est pas le problème. Le problème, c'est le problème.

On a beaucoup de difficulté à nommer publiquement les problèmes dans les équipes de travail. En général, c'est plus facile d'en parler en secret. Mais il faut que ça change! Ça ne devrait pas être le rôle du patron ou des coéquipiers d'intervenir à toutes les étapes du travail, de tenir la main des gens, pour être sûr qu'il n'y ait pas d'erreurs.

Quand un patron se met à faire de la microgestion, il y a souvent deux raisons :

1. Par souci de contrôle. Le patron n'autorise aucune décision allant à l'encontre de sa volonté. Il prendra en charge toutes les décisions.

2. Parce qu'il sait comment faire. Au lieu de superviser ou d'assister ses employés, il a le réflexe d'exécuter à la place des autres. Il a de la difficulté à les laisser accomplir leur travail à leur façon.

Or, il ne faut jamais oublier que, peu importe l'âge ou l'expérience des membres de l'équipe, ce sont des adultes. Il n'est pas nécessaire de constamment les surveiller et de leur dire quoi faire. Ayez confiance en eux. Donnez-leur une mission, les outils pour la remplir et, ensuite, attendez patiemment les résultats. Le rôle du leader, c'est de gérer les systèmes, pas les gens.

De leur côté, les employés doivent être responsables de leurs engagements et s'assurer de mener leurs projets à bien dans les temps demandés. S'ils n'y arrivent pas, il est important qu'ils puissent expliquer pourquoi et ce qu'ils ont l'intention de faire pour corriger la situation.

La question la plus puissante

« Qu'est-ce que je peux faire pour te permettre de réussir ? »

C'est la question la plus puissante qu'un leader puisse utiliser.

Développez l'habitude de terminer vos rencontres en offrant votre aide. Au fil du temps, les gens vous retourneront la question, ce qui créera un mouvement d'entraide à deux sens.

Si une personne fait appel à vous, mais que vous n'avez pas les connaissances ou les compétences nécessaires pour l'aider, recommandez-lui quelqu'un pouvant l'aider mieux que vous. Ce sera tout aussi apprécié.

Vous devez tout de même être alerte et repérer ceux qui ambitionnent. Vous n'êtes ni assistant, ni serviteur. Si une personne s'accroche à vous ou à votre réseau de contacts pour atteindre ses objectifs, ce n'est plus sain. Votre rôle, en tant que leader, c'est de rendre les gens autonomes. Pas le contraire!

Si vous êtes un gestionnaire et que vous faites des demandes à vos employés, posez-leur toujours la question la plus puissante. Vous vous assurez ainsi qu'ils auront accès à tout ce qui est nécessaire pour bien accomplir leurs tâches : personnes clés, budget, outils, etc. Positionnez-vous comme une ressource pour leur réussite. C'est ainsi que, peu à peu, vos employés deviendront à leur tour des leaders et que vous transformerez votre équipe d'employés en équipe de champions.

Gagner la confiance par l'action

Comme on le dit au Québec: « Les bottines doivent suivre les babines. »

On le sait, on vit dans un monde VICA (volatile, incertain, complexe et ambigu). Le chaos règne et tout change sans arrêt. Or, les gens ont besoin d'un minimum de stabilité et de prévisibilité pour bien fonctionner. Alors, en étant clair dans vos intentions et dans vos actions, vous instaurez ce climat de « sécurité ».

Par exemple, nous, les Pyrates, lorsque nous arrivons dans une entreprise en tant que consultants, nous savons que les gens nous accueillent avec appréhension. Ils s'attendent à un plan pré-mâché, générique et imposé sans cérémonie. Alors, nous prenons les devants. Nous leur disons que c'est tout à fait normal qu'ils n'aient pas confiance en nous, que nous avons aussi eu de mauvaises expériences en tant qu'employés et que notre objectif n'est pas de tout saccager.

Nous leur expliquons que nous voulons leur prouver que nous sommes vraiment là pour les aider en s'attaquant d'abord à leurs problèmes plutôt qu'à ceux de leur patron. Nous leur demandons de nous parler et nous les écoutons. Pour vrai.

Alors, immanquablement, les gens sont satisfaits. Ils voient des résultats concrets parce que des solutions sont rapidement mises en action.

Tout ce que nous faisons est à propos d'eux, pas de nous.

En recueillant leurs doléances, puis en co-créant les solutions avec eux, nous devenons des alliés, créant ainsi un tissu relationnel beaucoup plus fort.

Trois éléments pour des gens engagés

Dans son livre Drive - *The Truth About What Motivates Us*, Daniel H. Pink parle, entre autres, des concepts de la motivation intrinsèque et extrinsèque. Il explique que la motivation ne vient pas uniquement de l'extérieur (l'argent, par exemple), mais aussi de l'intérieur.

La motivation intrinsèque est basée sur trois piliers fondamentaux. C'est pertinent pour les gestionnaires et pour les coéquipiers de les connaître.

Ces trois piliers sont la maîtrise, l'autonomie et la raison d'être.

1. *La maîtrise.* Tout le monde a envie d'être bon dans ce qu'il fait. Alors, si vous désirez que les gens soient motivés, créez les conditions pour qu'ils puissent l'être. Demandez-vous si vous pouvez leur offrir des formations supplémentaires, du coaching ou du mentorat. Offrez-leur des défis à la hauteur de leurs compétences afin de les stimuler et de les encourager à pousser plus loin la maîtrise de leur expertise. Plus vous le ferez, plus vos employés auront confiance en eux et en leurs capacités et plus ils seront motivés.

2. *L'autonomie.* Être autonome signifie être en mesure de prendre ses propres décisions, avoir de l'agentivité, poser des gestes qui auront un impact dans le monde. Oui, l'autonomie demande d'être apte à agir seul, mais ça ne veut pas obligatoirement dire d'être seul. Une équipe peut être autonome. Elle prend ses propres décisions, vit avec les conséquences - positives ou négatives - de ses choix, dans un environnement contrôlé.

3. *La raison d'être.* C'est le pourquoi de nos actions, l'impact qu'on désire avoir sur le monde. Vous passerez une grande

partie de votre vie au travail. Faites en sorte de choisir une cause, une profession, qui en vaille la peine et qui soit pour vous une bonne raison d'être, faute de quoi, il vous sera très difficile de rester réellement motivé sur une longue période.

Nul besoin d'être entièrement aligné avec l'organisation pour laquelle vous travaillez pour trouver un sens à ce que vous faites. Parfois, le fait d'avoir un pourquoi personnel, un but qui est plus grand que soi, c'est suffisant. Que l'entreprise ait le même que vous ou non a peu d'importance.

Soutenir l'autonomie

L'art de faire confiance

Bien sûr, on veut que les gens nous fassent confiance, mais la confiance doit être basée sur des résultats à obtenir, sur un contexte.

Voici les trois piliers pour établir une bonne relation de confiance.

1. *L'expertise, la maîtrise.* C'est une évidence. Il est beaucoup plus facile de faire confiance à une personne compétente.

2. *L'espace pour agir, l'autonomie.* Il est plus simple d'accorder notre confiance à une personne qui possède la souplesse et l'agilité mentales nécessaires pour prendre les bonnes décisions.

3. *L'engagement, la raison d'être.* On se fait mutuellement confiance parce qu'on sait qu'on a des valeurs alignées vers une raison d'être commune.

   Bonus! Nous avons décidé d'ajouter deux piliers.

4. *Avoir des contraintes claires.* Lorsque les contraintes sont clairement établies dès le départ, il y a davantage de transparence dans les communications et les relations. Le flou entretient l'absence de confiance.

5. *Pouvoir s'exprimer ouvertement.* La personne doit sentir qu'en cas de problème, elle peut aborder le sujet ouvertement sans avoir peur de se faire réprimander.

   D'ailleurs, en instaurant une ambiance de transparence et d'ouverture, vous vous assurez d'établir une communication constante entre vous et elle. Elle n'hésitera pas à vous parler non seulement de ses embûches ou de ses besoins, mais aussi des bons coups et de l'avancement du projet. Cela vous sécurisera davantage. Il n'y a rien de pire que d'apprendre qu'un problème est survenu une fois qu'on ne peut plus faire marche arrière.

Fournir les bons outils

Pour réussir à soutenir l'autonomie, dotez votre équipe des bons outils. En voici quelques-uns:

1. **Des objectifs de valeur et des contraintes** claires, mesurables ET écrites. Si vous ne les écrivez pas, les gens risquent d'en avoir un souvenir différent et de les interpréter à leur façon. Comme les objectifs peuvent évoluer, c'est pratique pour tout le monde de les avoir par écrit.

2. **Un outil de visualisation du travail** pour que tous puissent voir l'avancement du travail et les processus de la même façon. De cette manière, on s'assure de suivre toutes les étapes et on évite les oublis. De plus, les points positifs et négatifs seront plus facilement mesurables.

    Voici quelques exemples: les listes de tâches (to-do lists), les post-its, Jira, Trello, TFS, Asana, Notion.

    Si vous en êtes à vos débuts avec les outils de visualisation du travail, utilisez celui qui est le plus simple pour vous. Il ne faut pas que l'outil vous empêche d'avancer.

3. **La mémoire partagée** consiste à réunir en un seul endroit tout ce qu'on a appris ou tout ce qu'on a documenté au fil du temps et des projets pour que tout le monde puisse s'y référer. En agissant ainsi, on emmagasine le maximum de connaissances et on s'assure d'être autonome dans le cas où un expert quitterait l'entreprise. Un Wiki ou un intranet accessible à tous sont de bons exemples de mémoire partagée.

4. **Un outil de transmission du savoir et de préservation** qui soit en constante évolution. On y conserve les découvertes,

les apprentissages, les processus et la documentation. Le tout demeure modifiable. Ainsi, tout le monde pourra apporter des bonifications et des modifications afin que les informations consignées demeurent à jour et alignées sur les besoins de l'entreprise.

N'importe quel outil de partage de documents fera l'affaire: Drive, Office, Dropbox, etc.

Évidemment, il faut prendre l'habitude de l'utiliser et de le faire correctement. Commencez par des processus simples. Démontrez à votre équipe l'intérêt d'utiliser cet outil et qu'il ne s'agit pas d'un ajout de complexité à leur travail.

Encourager l'expérimentation

Pourquoi encourager l'expérimentation? Parce que ça permet de réduire les risques et de savoir si la solution que vous envisagez est la bonne. Si c'est la mauvaise solution, vous comprendrez pourquoi elle ne fonctionne pas grâce aux informations obtenues par l'expérimentation. Cette compréhension est primordiale, car elle sert de guide pour la suite des choses.

Trouver une solution qui marche du premier coup, c'est plaisant, mais c'est hasardeux. Comment savoir si vous avez choisi la meilleure solution? Si le contexte venait à changer, il se pourrait que votre solution devienne désuète.

Pour expérimenter, le meilleur état d'esprit, c'est de n'avoir aucune certitude, d'essayer, de vérifier, puis de trouver la réponse. Ça aide à débusquer les inconnus et à valider les hypothèses.

Imaginez à quel point une équipe peut augmenter son autonomie en faisant des expériences : on a une idée, on prend un risque contrôlé, on vérifie nos hypothèses, puis on décide en toute connaissance de cause.

Adopter ce mode de pensée nous donne un pouvoir extraordinaire : l'immunité à la peur de l'incertitude. En effet, dès qu'on refuse une certitude sans preuve, tout devient incertain. Mais au lieu d'être paralysés par les possibilités, nous avons un processus simple, clair et répétable à l'infini pour formuler des hypothèses et obtenir des réponses. Qui plus est, utilisées intelligemment, les petites expériences contrôlées nous permettent de rapidement trouver comment avancer tout en minimisant les risques, puis de raffiner et d'améliorer notre approche selon le temps, le budget ou les besoins. L'incertitude n'a plus d'emprise sur nous, car nous savons exactement comment la dompter pour en tirer un maximum de valeur.

Laissez-les prouver que vous avez tort

Quand on est gestionnaire, on a souvent tendance à faire des déclarations fortes qui ne laissent pas de place au débat. C'est une mauvaise habitude qui encourage les gens à vous suivre comme des moutons plutôt qu'à utiliser leur esprit critique et leur intelligence pour aider à faire émerger une meilleure solution.

Quand vous imposez vos propres idées ou solutions, vous portez toujours des œillères. Cependant, il est important que vous puissiez bénéficier de l'expertise et de l'expérience des autres.

Demandez à votre équipe de vous démontrer que vous n'avez pas la bonne solution. En mettant à contribution d'autres experts pour vous prouver que vous avez tort, vous explorerez de nouvelles pistes qui vous mèneront à de meilleures solutions ou qui vous aideront à diminuer davantage les risques.

Si vos experts se révèlent incapables de vous contredire faute des preuves, il y a de bonnes chances que vous ayez effectivement trouvé… la bonne solution!

Si vous êtes un gestionnaire, prenez le moins de décisions possible seul. Consultez votre équipe et des sources externes. Leur expérience et leur objectivité vous éviteront bien des tracas. Laissez-les utiliser leur expertise et leur expérience
En tant que gestionnaire, comment peut-on laisser une équipe

utiliser son expertise et son expérience? Faites d'abord la différence entre demande et besoin.

Il est généralement facile de parler des problèmes, puisqu'on les vit concrètement. Par contre, il peut être plus ardu de verbaliser les solutions.

Si vous êtes gestionnaire, contentez-vous de nommer et d'expliquer le problème. Comprenez la valeur recherchée et assurez-vous que celle-ci soit bien comprise de l'équipe. Mais laissez vos experts, les membres de votre équipe, vous parler de solutions.

Votre devoir est de vous assurer que vos employés maîtrisent leur domaine d'expertise. Le meilleur moyen de le faire? Les petites expériences contrôlées! Cette méthode leur fera acquérir le savoir nécessaire pour être autonomes et agiles.

Ce dont vous avez besoin, ce n'est pas d'avoir raison, c'est d'avoir confiance en votre équipe et en leur capacité de livrer des résultats. Et ce dont votre équipe a besoin, c'est de se sentir soutenue, appréciée et écoutée. C'est la meilleure façon d'avoir un impact positif dans une organisation.

En bref, devenez l'expert des problèmes et laissez vos équipes être les experts des solutions.

Laissez-les utiliser leur expertise et leur expérience

En tant que gestionnaire, comment peut-on laisser une équipe utiliser son expertise et son expérience? Faites d'abord la différence entre demande et besoin.

Il est généralement facile de parler des problèmes, puisqu'on les vit concrètement. Par contre, il peut être plus ardu de verbaliser les solutions.

Si vous êtes gestionnaire, contentez-vous de nommer et d'expliquer le problème. Comprenez la valeur recherchée et assurez-vous que celle-ci soit bien comprise de l'équipe. Mais laissez vos experts, les membres de votre équipe, vous parler de solutions.

Votre devoir est de vous assurer que vos employés maîtrisent leur domaine d'expertise. Le meilleur moyen de le faire? Les petites expériences contrôlées! Cette méthode leur fera acquérir le savoir nécessaire pour être autonomes et agiles.

Ce dont vous avez besoin, ce n'est pas d'avoir raison, c'est d'avoir confiance en votre équipe et en leur capacité de livrer des résultats. Et ce dont votre équipe a besoin, c'est de se sentir soutenue, appréciée et écoutée. C'est la meilleure façon d'avoir un impact positif dans une organisation.

En bref, devenez l'expert des problèmes et laissez vos équipes être les experts des solutions.

Partie 5

Pyratiser sa carrière

Choisir votre rôle

Nous sommes maintenant arrivés au point culminant du livre: pyratiser sa carrière. Les sujets que nous avons abordés vont prendre tout leur sens dans ce chapitre.

Nous avons tendance à voir notre carrière comme un long chemin, clair et inaltérable. Ce plan de vie imaginé à l'adolescence, mesure entière de notre progression, définirait notre vie.

Ha!

Une carrière, ça ne se décide pas vraiment d'avance. Plus maintenant, en tout cas. Notre carrière est plutôt le résultat de nos choix tout au long de notre vie. Elle ne représente plus le plan de notre futur, mais le parcours de notre passé.

Votre carrière n'aura souvent aucun lien avec vos études. Elle ne se limite pas à un choix que vous avez fait à un moment de votre vie. La carrière, c'est l'ensemble de vos acquis jusqu'ici et le chemin que vous avez pris pour les accumuler. Tout ce que ça prend, c'est un point de départ; la vie, le hasard et vos décisions s'occuperont du reste.

Dans notre monde, le changement est constant et de plus en plus rapide. Votre vie risque de prendre des tournants imprévus. Demeurez souple dans vos idées, dans vos ambitions. Adaptez-vous constamment et tirez votre épingle du jeu.

Évidemment, des âmes malheureuses refusent les détours et s'obstinent à garder leurs œillères : « J'ai étudié pour ça, c'est ce que je dois faire. » En général, elles ne sont pas satisfaites de leur vie. Elles vont tolérer beaucoup plus longtemps des situations accablantes, voire intenables. Elles chercheront à protéger leurs acquis plutôt que de faire preuve d'ouverture aux possibilités du futur. Dès qu'elles devront dévier de la voie qu'elles ont suivie toute leur vie, elles vivront de la peur.

Répétons-le pour être bien clair: le monde moderne vous conduira à réorienter votre carrière et votre vie. Plus d'une fois. Et pour certains, avec une régularité déconcertante. C'est bien correct comme ça! Lorsque vous chercherez un nouvel emploi, ne perdez pas de vue que votre carrière est l'ensemble de ce que vous avez accompli, même si ça n'a aucun rapport avec les tâches que vous désirez aujourd'hui exécuter.

Demandez-vous comment ce que vous avez appris au cours de votre vie peut être recontextualisé pour un nouvel emploi. Faites-en un argument de valeur pour vous démarquer lors d'une entrevue d'embauche. Votre vécu et vos expériences vous donnent une perspective riche que les autres candidats ne possèdent pas.

Changer de carrière n'est plus aussi mal vu qu'autrefois. C'est même louable de le faire si c'est pour être plus heureux ou améliorer ses conditions de vie. Aux époques antérieures, le seul but du travail était de nourrir sa famille. Aujourd'hui, on a le droit de prioriser le bien-être. La société évolue rapidement et, par le fait même, nous aussi, en tant qu'individus. Il est donc normal que vos attentes, vos aspirations, vos besoins, vos intérêts changent avec le temps.

Le contexte peut aussi évoluer rapidement. Il peut avoir un impact important sur votre vie et en changer votre perception : un déménagement, un mariage, des enfants...

De nos jours, la séparation entre la vie privée et la vie professionnelle est floue. Les gens désirent exercer un métier qu'ils aiment et qui est compatible avec leurs passions. Ils n'ont plus envie d'effectuer des tâches futiles. Inévitablement, cela altère les attentes qu'ils nourrissent à l'égard de leur emploi.

Dans ce monde où tout est possible, où on peut travailler et avoir un impact partout sur la planète, votre mission évoluera certainement. Cela explique aussi pourquoi les emplois traditionnels sont plus difficilement pourvus. Les opportunités ne sont pas assez alléchantes. Nous vivons dans un monde où nous détenons tous les outils pour bâtir des métiers sur mesure.

Trouver votre vocation

Vocation et carrière

Faites attention de ne pas confondre carrière et vocation, car elles sont bien différentes.

Une vocation, c'est une inclination pour une activité, une cause, une profession qui nous fait vibrer. On se trouve à la fois motivé et incroyablement inspiré par elle.

Elle est rarement à propos de nous. Elle permet d'apporter une contribution à une cause ou un processus continu. Le flambeau sera repris par d'autres à travers le temps.

La vocation n'implique pas nécessairement un côté spectaculaire ou prestigieux. Par exemple, ça peut être aussi terre-à-terre qu'un comptable qui s'assure que l'information qu'il donne soit toujours la plus claire possible pour aider ses clients à prendre les meilleures décisions par eux-mêmes. Il effectuera son travail minutieusement, puis enseignera et partagera ses idées sur l'importance de l'éducation financière de chacun.

Une cause de niveau mondial comme la protection des animaux ou de l'environnement peut éveiller une vocation. Peu importe l'ampleur de la vocation, ce qui est important, c'est qu'elle ait un impact dans le temps.

La carrière est représentée par les actions que vous posez au quotidien pour gagner votre vie. De fait, si la vocation tend à demeurer stable pour nous dans le temps, la carrière risque de changer et d'évoluer régulièrement.

Un lien fort entre la vocation et la carrière crée une situation idéale. Ce lien nous permet de toujours agir en fonction de ce qui est important pour nous et de l'impact que nous voulons avoir sur le monde. C'est la clé pour avoir une vie satisfaisante et travailler par passion plutôt que par obligation.

Nous, vos Pyrates favoris, avons comme vocation d'aider les autres à développer de bonnes attitudes et compétences pour se réaliser, à avoir un impact positif sur le monde et à cesser d'être des victimes. Notre carrière, elle, va un peu dans tous les sens: nous enseignons, nous créons des structures pour faciliter le développement et l'antifragilité des gens, nous créons des communautés d'entraide, nous construisons des messages qui pourront être transmis par d'autres, nous inspirons des gens à agir et plus encore. À chaque année qui passe, notre carrière se diversifie mais notre vocation, elle, reste la même.

Oui, carrière et vocation peuvent être reliées, mais ne les confondez pas. Beaucoup de gens ont une vocation sans lien avec leur vie professionnelle. Ils en retirent tout de même de grands bénéfices, monétaires ou pas, en lien avec leur avancement professionnel ou pas.

Votre vocation peut se matérialiser à travers vos loisirs et se définir dans le savoir et la sagesse que vous transmettez à une nouvelle génération. Peu importe l'approche, ce qui est important, c'est que vous puissiez pratiquer votre vocation quotidiennement.

Prenez le temps de réfléchir à votre vocation. Qu'est-ce qui compte vraiment pour vous? Quel genre d'impact aimeriez-vous avoir sur le monde? Comment voulez-vous qu'on se souvienne de vous? Si vous souhaitez que le lien entre votre vocation et votre carrière soit fort, alors votre carrière doit simplement être pratique, suffisamment lucrative pour en vivre et facilitante pour arriver aux fins dictées par votre vocation.

L'importance du sentiment d'accomplissement

On travaille pour vivre. Trop souvent, on travaille pour survivre.

Qui n'a jamais entendu qu'on n'a pas besoin d'aimer ce qu'on fait dans la vie; un job, c'est un travail, pas un loisir!

Soyez une bonne pâte. Exécutez les ordres.

Bullshit.

La clé d'un emploi valorisant et agréable, c'est d'en tirer un sentiment d'accomplissement fort au quotidien. Ce sentiment d'accomplissement vient de l'impact positif que vous générez, de vos réalisations et de la valeur que vous apportez. C'est un indicateur que vous avez votre place et votre rôle à jouer dans le monde. C'est une preuve que vous existez pour une raison.

Sans ce sentiment d'accomplissement, les activités quotidiennes vous semblent vides de sens et le travail est réduit à un service en échange d'un salaire. Cela n'apporte pas la satisfaction nécessaire pour cultiver l'estime de soi. Sans cet élément primordial à notre santé mentale, le travail devient un abrasif qui va doucement nous user. Le bore-out, le brown-out, le burn-out et la dépression à long terme sont des conséquences directes de l'absence de sentiment d'accomplissement.

Attention! Le sentiment d'accomplissement doit être réel.

Vous saurez qu'il est réel parce que vous parlerez avec passion. Vos yeux brilleront quand vous parlerez de votre impact. Vos journées seront peut-être exténuantes, mais ce sera de la bonne fatigue. Vous aurez de l'énergie à revendre. Aller au travail ne sera pas un fardeau. Vous serez constamment excité par ce que vous pourrez accomplir la prochaine fois. Vous aurez le sentiment que rien ne pourra vous arrêter et vous voudrez accroître votre impact.

De l'autre côté, un sentiment d'accomplissement illusoire est assez facile à repérer quand on connaît les signes. Vous vous défendez quand vous parlez de votre emploi ou de votre employeur? Vous justifiez ce que vous faites? Vous savez que ce que vous faites est très important, mais votre cerveau détourne la conversation lorsque vous devez parler de valeur ou d'impact positif? Vos explications sur l'importance de votre job ne semble pas convaincre vos interlocuteurs? Qui essayez-vous de convaincre: eux ou vous?

Soyons honnêtes: avoir un fort sentiment d'accomplissement vous indique que vous faites la bonne chose. Est-ce que ça veut dire que tout est parfait? Non.

En tant que Pyrates, nous savons que notre vocation, notre raison d'être, est la bonne. Nous avons aidé beaucoup de gens à prendre des décisions, à construire leur avenir, à changer des aspects de leur vie, à obtenir l'impact qu'ils ont toujours voulu avoir et à miser sur leur vocation et sur eux-mêmes. Cela nous conforte dans notre mission.

Cependant, si notre pourquoi est valable, notre comment n'est pas toujours aussi clair ou satisfaisant. Après quelques années, nous, Pyrates, sommes encore à la recherche du meilleur moyen pour passer notre message, pour maximiser notre impact et pour combler nos besoins matériels à notre satisfaction par nos activités. Nous empruntons de nouvelles avenues (incluant ce livre). Certaines expériences fonctionnent, mais beaucoup se terminent en échecs frustrants. Nous touchons presqu'au but, mais un océan sépare le but et le presque.

Malgré tout, nous ne regrettons pas ce que nous faisons. Notre mission est pile poil sur la valeur que nous souhaitons apporter et nous savons que nous avons un impact tangible sur la vie et la destinée des gens.

L'important, c'est de vivre autant pour le parcours que pour l'objectif. Tirez de la satisfaction des accomplissements et des réussites en cours de route.

Le sentiment d'accomplissement est crucial à tout âge, même chez les plus jeunes enfants. Un bébé est tellement heureux quand il réussit à pousser quelque chose. Il se rend compte qu'il a un impact direct sur son environnement et il voudra répéter le geste. Évidemment, à l'âge adulte, ça prend plus de travail.

Des réalisations d'un autre genre sont nécessaires pour activer un sentiment d'accomplissement aussi fort. Mais peu importe l'ampleur des projets, il faut aller chercher ce sentiment, parce qu'il favorise une bonne santé mentale, nous garde motivés, engagés et nous aide à faire face à l'adversité. Nous savons que ce que nous faisons a de l'importance.

Finalement, le sentiment d'accomplissement donne un sens à nos vies. Nous le répétons; tout humain a besoin de sentir qu'il a sa place dans le monde et qu'il est utile.

Bon! Assez de philosophie; retournons au pratico-pratique!

Qu'est-ce qui vous engage?

Certains disent que vous ne choisissez pas votre vocation, que c'est elle qui vous choisit.

Bien que ce ne soit pas tout à fait juste, c'est facile de comprendre d'où une telle idée peut venir. La meilleure façon pour identifier votre vocation n'est pas d'y réfléchir avec votre cerveau, mais bien d'écouter ce que vous disent vos tripes.

Que faites-vous par passion? Qu'entreprenez-vous sans compter les heures ou les dépenses parce que vous aimez profondément ça? Qu'accomplissez-vous même si les autres ne comprennent pas votre dévouement, que ce soit une carrière ou un passe-temps?.

Qu'est-ce qui vous anime? Si rien ne vous vient en tête, il est plus que temps de donner un sens à votre vie. Donnez-vous la chance d'explorer, puis de trouver ce qui vous passionne. C'est important pour votre équilibre de vie.

Vous pouvez trouver votre vocation de différentes façons. Parfois, il s'agit de vous impliquer dans un grand enjeu qui vous interpelle depuis toujours. D'autres fois, il s'agit de s'exposer à diverses causes jusqu'à ce qu'une d'entre elles éveille quelque chose en vous. Et puis, quelques fois, il s'agit de faire don de soi ici et là, jusqu'à ce que vous trouviez une cause qui vous emplisse de satisfaction, qui vous fasse réaliser votre place dans l'univers.

Trouver sa vocation ressemble à une épiphanie: une réalisation soudaine, totale et impossible à ignorer. Quelquefois, c'est fulgurant et spectaculaire, trompettes et feux d'artifices. D'autres fois, vous réaliserez en éteignant la lampe de chevet que, depuis que vous vous impliquez dans une certaine activité, vous dormez mieux, vous êtes fier et que vous êtes même… heureux?

Donc, posez-vous cette question. Est-ce qu'il y a une cause pour laquelle vous affirmeriez sans hésitation « Si personne ne le fait, moi, je vais le faire. »? Si oui, vous savez ce qui vous tient vraiment à cœur. Pas compliqué!

Trouver sa place dans le monde, c'est très stimulant. Vous avez la conviction d'être utile et d'avoir un impact. Le mélange d'endorphine et d'adrénaline que cela génère vous poussera à vouloir en faire plus, à multiplier votre impact. Les efforts deviendront agréables. La quantité de travail ne sera pas décourageante. Se lever le matin sera une nouvelle opportunité pour faire une différence.

C'est ÇA, de l'engagement. Ça ne s'exige pas, ça ne se crée pas consciemment. L'engagement est le produit d'un contexte en équilibre avec vos valeurs profondes qui vous permet d'avoir un impact positif et qui vous donne une raison d'être enrichissante. Que les entrepreneurs parmi vous en prennent bonne note.

Qu'est-ce qui vous enrage?

L'engagement, c'est bien beau, mais dans bien des cas, un élément supplémentaire est essentiel pour trouver un environnement propice à cela.

La vocation est en harmonie avec nos valeurs profondes, même celles dont on n'a pas conscience. Quelquefois, identifier notre vocation se résume à trouver ce qui bafoue ces valeurs.

Trouvez ce qui vous met en colère.

Pour quelles causes vous emportez-vous? Quels sont les sujets pour lesquels vous refusez d'être raisonnables? Quelles injustices vous poussent à agir pour ne pas vous sentir sale? Pour quelles missions sacrifieriez-vous comfort, temps, argent sans trop hésiter?

Les injustices nous interpellent. S'enrager d'une injustice indique que vos valeurs profondes sont bafouées. Une vocation vous attend peut-être dans cette direction. Cependant, soyez vigilant, car il arrive parfois que nous soyons complètement outrés pour des riens ou que nous ayons été manipulés et amenés à être outrés. Évaluez la valeur de votre outrage. S'il vous pousse, par des actes concrets, à créer un résultat positif dans le monde, c'est parfait! Sinon, vous êtes probablement face à une fausse injustice, possiblement teintée par votre vécu ou par des éléments d'influence extérieurs. Vous voudriez en parler un peu, vous renseigner, voire peut-être mettre une petite image sur votre profil Facebook? Il n'est alors pas question d'une injustice qui peut se transformer en vocation.

Évidemment, la source de votre vocation n'est pas obligatoirement un enjeu qui vous enrage en tout temps. Votre niveau de tolérance est différent de celui des autres. Connaissez votre limite. Une fois cette limite dépassée, partez en guerre.

Et là, vous devenez dangereux. Pas dans le sens négatif du terme. Vous détenez maintenant l'élan nécessaire pour agir et avoir un impact. Vous ne vous laisserez pas arrêter par les excuses ou les petites embûches. Ça en prendra beaucoup pour vous ralentir.

En résumé, les conséquences de votre rage sont positives. La vocation n'est pas encore tout à fait définie, mais le sujet ou la cause sont probablement les bons. Explorez ce qui vous interpelle dans ce sujet. Votre rôle dans cette cause se précisera. Puis, pour vous conforter dans votre choix, faites ce dernier exercice: l'éloge funèbre.

L'exercice de l'éloge funèbre

Vous êtes mort. Votre éloge funèbre est prononcé. Comment voudriez-vous qu'on vous décrive? Est-ce que ça vous représente vraiment? Est-ce que le public approuve d'un hochement de tête?

Cet exercice est un peu morbide, mais il est excellent pour déterminer les accomplissements pour lesquels nous voulons être reconnus. La mort est accessoire ici. Faites surtout une réflexion sur votre héritage.

Les anciens Romains pensaient que ce qui les rendait immortels, c'était la mémoire que les gens avaient d'eux après leur mort. Cela signifie que si vous parvenez à créer un impact si grand qu'il reste gravé dans la mémoire des gens, vous aurez réussi.

Alors, si les gens devaient se souvenir de vous pour une chose, qu'est-ce que ce serait? Qu'est-ce que vous aimeriez que ce soit?

Si les gens suivaient vos pas, comment pourriez-vous être fier de votre influence et de leur implication?

La clé, c'est l'inspiration que vous donnez aux gens. Le désir de se dépasser, de sortir de notre zone de confort pour accomplir quelque chose nous rapprochant de quelqu'un qu'on admire.

Je sais, je sais! Vous êtes trop humbles pour mériter de l'admiration. Cependant, rappelez-vous que les Pyrates ont une relation particulière avec l'humilité. Nous pouvons être humbles pour nous-mêmes, mais pour inspirer, il faut être impossible à ignorer.

Capitaliser votre emploi

Le cœur d'une perle est un grain de sable

Les emplois sont de qualité variable. Les emplois dans des milieux humains ne favorisent pas tous le développement personnel et la réalisation de soi.

Pour plusieurs d'entre nous, c'est rarement le cas.

Ce n'est pas une raison pour ne pas prendre votre propre développement en main. Alors, comment capitaliser sur le job que vous avez actuellement, histoire de vous développer et de vous propulser? Parce que, même dans les postes les plus misérables, il est possible d'aller plus loin.

« Le cœur d'une perle est un grain de sable. » Les ressources dont vous disposez au départ ont peu d'influence. Dans le cas présent, c'est votre métier. Ce qui est important, c'est ce que vous en ferez, votre destination.

On peut commencer sans expérience de travail, sans réseau et presque sans compétences utiles. On peut provenir d'un milieu défavorisé avec moins d'opportunités, voire un milieu carrément hostile. Certes, ces situations sont des obstacles, mais ces obstacles sont surmontables. Et ça ne s'applique pas qu'à quelques rares exemples dont certains se servent pour banaliser les départs plus difficiles pour tous les autres.

Nous avons tous un coffre à outils, même s'il varie d'une personne à l'autre. Ce qui détermine comment nous transcendons nos blessures, handicaps ou embûches tient dans la façon dont nous utilisons nos outils. Ajoutons à cela comment nous convertissons notre vécu pour produire de nouveaux outils. Ces outils seront un avantage pour vous. Une personne avec un meilleur départ et un coffre mieux garni n'aura pas votre conscience particulière de la réalité.

Votre situation actuelle, votre job et votre environnement peuvent avoir un effet handicapant important. Changez votre regard. Les opportunités sont partout, aussi petites et hors normes soient-elles. Quand on a peu à perdre, explorer ces opportunités, en tirer des leçons et les façonner en outils prend une autre dimension.

D'après vous, qu'est-ce qui peut vous arriver dans le pire des cas? Perdre un mauvais job qui ne vous mènera jamais nulle part?

Mais bon, avant de passer à l'action, sachez d'abord pourquoi et comment.

Cartographier les opportunités d'un job

À l'époque, les pirates savaient lire les cartes. Dans cette section, nous vous apprendrons à cartographier les opportunités dans un job.

Si vous occupez un emploi, peu importe lequel, vous disposez d'opportunités. Vous devez seulement savoir comment les identifier et les saisir. Cartographiez vos opportunités actuelles. Cela indiquera quand il sera temps pour vous de passer à autre chose.

Opportunité 1 - Les apprentissages

Dans TOUT emploi se trouvent des opportunités de développer certaines habiletés et compétences. L'emploi lui-même peut être abominable, mais vous pouvez toujours apprendre quelque chose.

Faites la différence entre les compétences qui sont très spécifiques à ce job et celles qui pourront être utiles pour la suite de votre carrière. Connaître la méthode d'empilage que votre patron préfère ou maîtriser le fonctionnement d'un outil spécialisé d'une marque précise peut avoir une certaine valeur pour votre job actuel. Cependant, ce sont les compétences transversales comme diriger une équipe, naviguer la bureaucratie ou prendre une décision avec des informations partielles qui seront profitables pour le reste de votre vie.

Par exemple, le poste de cuistot junior dans un restaurant de fast food est rarement considéré comme l'emploi idéal. Peut-être, mais ce genre d'environnement permet de développer de la discipline et une bonne éthique de travail. Pour un étudiant, ce genre d'emploi est souvent un premier contact avec les responsabilités et avec les normes. L'étudiant pourra même occuper un poste de chef d'équipe tôt dans sa carrière. Ce n'est pas de la haute direction, mais il apprendra à gérer une équipe de travail, avec toutes les tâches connexes que cela implique. Des compétences et une expérience en gestion sont utiles tout au long d'une carrière, quel que soit le poste, quelle que soit l'industrie.

Un poste de service à la clientèle peut être barbant à force d'entendre les gens se plaindre . Voyez-y une bonne opportunité pour en apprendre plus sur la nature humaine et dégager des constantes dans les irritants qui poussent les gens à se plaindre. Ces grands thèmes sont récurrents peu importe l'industrie. Apprenez comment transformer un client fâché en un client satisfait, une tâche qui demande un certain savoir-faire et qui s'apprend par la pratique. Ce genre de poste aide à développer la répartie, ce qui vous sortira de nombreuses situations épineuses. Découvrez également comment s'y retrouver quand on a affaire au service à la clientèle, exposer les décideurs et arriver à parler à la bonne personne.

Demandez-vous quelles compétences pratiques vous pouvez tirer de votre emploi et de quelles façons ces compétences pourront être utiles dans l'avenir, dans toutes sortes de contextes très différents.

Opportunité 2 - Les nouvelles expériences

Ceux qui voyagent vous le diront: vivre une expérience dépaysante est extrêmement enrichissant. Ce genre d'opportunités peut se trouver assez facilement dans le monde du travail.

Vivre de nouvelles expériences qui nous sortent de notre zone de confort nous permet de développer notre perspective, une qualité souvent négligée. La perspective est différente de l'expertise (la théorie) ou de l'expérience (la pratique). La perspective enrichit notre point de vue et nous permet de voir une situation sous un angle nouveau. Nous la développons lorsque nous utilisons notre expertise et expérience dans des contextes différents. Plus ces contextes sont variés, plus le développement de votre perspective sera remarquable.

La perspective est également l'arme secrète des bons consultants. Un expert qui a toujours travaillé dans des milieux similaires peut avoir une expertise et une expérience profonde, presque impossible à concurrencer. Un autre consultant peut apporter un point de vue radicalement différent sans avoir les mêmes connaissances, simplement parce que la variété des contextes auxquels il a été confronté lui permet d'aborder une situation sous plusieurs angles.

Admettons-le. Les gens sont à la recherche d'expériences différentes, mais éphémères. Peu de gens souhaitent varier leurs expériences dans le but spécifique de développer leur perspective.

Vous voulez voir du pays? Alors, considérez un emploi comme agent de bord ou camionneur. Vous aimeriez travailler avec des animaux, mais vous n'êtes pas certain de vouloir en faire une carrière? Engagez-vous comme bénévole dans un refuge! Vous voulez faire l'aide humanitaire? Allez creuser des puits en Afrique! Vous adorez la forêt et vous voulez aider la planète? Passez un été à reboiser des forêts!

Vous préférez vivre vos expériences dans le cadre d'un emploi? Restez à l'affût des postes qui s'affichent et des nouvelles équipes qui se forment et lancez-vous. Vous pouvez aussi pratiquer votre métier dans une industrie entièrement différente. La comptabilité, le marketing, l'assurance-qualité ou la gestion sont tous des domaines qui ont leur place dans le transport, la construction, les start-ups technos et les entreprises agricoles. Maurice a déjà enseigné le Lean dans des fermes!

Opportunité 3 - Le réseautage

La vie est difficile et vous isoler ne fera qu'empirer les choses. Développez un bon réseau de contacts et d'alliés. C'est l'une des clés pour bâtir la carrière de vos rêves.

La bonne personne vous ouvrira des portes, vous initiera à un monde autrement inaccessible, partagera son expertise avec vous, vous portera conseil et vous donnera l'occasion de briller.

À l'inverse, vous serez en mesure d'apporter quelque chose aux gens de votre réseau: une compétence, une perspective, des contacts. C'est en donnant aux gens de votre réseau que vous vous créerez des alliés qui pourront ensuite vous appuyer pour le reste de votre carrière.

Quand vous ajoutez quelqu'un à votre réseau, c'est simple d'identifier son rôle ou sa catégorie par rapport à vous. Gardez en tête que plus vous tissez des liens avec cette personne, plus son rôle s'étendra et se diversifiera. Elle se retrouvera dans plus d'une catégorie.

Voici quelques exemples.

- Les experts. Ces gens sont des pros dans un domaine d'expertise, souvent technique. Vous pourrez faire appel à eux pour des besoins spécifiques et quelquefois, ils pourront même vous enseigner une partie de leur savoir.

- Les mentors. Ces gens sont des guides plus complets que les experts. Ils peuvent vous partager leur expertise et expérience, en mettant le focus sur le contexte. Leurs conseils vont au-delà de quoi faire, mais englobent aussi comment, pourquoi et avec qui le faire. Ils vous enseigneront les tenants et aboutissants de leur zone d'expertise, ce qui peut être très long à apprendre par vous-même.

- Les ouvreurs de portes. Certaines personnes ont accès à des gens, des organisations ou des industries qui sont hors de votre portée. Si les circonstances s'y prêtent, ils peuvent vous aider. Qu'il s'agisse d'obtenir un rendez-vous avec une personne ou de s'assurer que votre c.v. tombe entre les bonnes mains, le champ d'action des ouvreurs de porte est plus restreint, mais peuvent être très utiles de façon ponctuelle. Les premières années, ils forment la majeure partie de votre réseau jusqu'à ce que vos relations avec eux s'épuisent. C'est probablement le premier rôle que vous aurez à jouer dans le réseau d'autres personnes, alors n'hésitez pas à les inclure dans votre réseau et leur en faire bénéficier à leur tour!

- Les relations d'affaires. Avoir des clients et des fournisseurs est une réalité dans bien des professions. Développez de bonnes relations avec ceux que vous rencontrez dans votre poste actuel et peut-être pourrez-vous travailler avec eux à nouveau dans l'avenir. Les meilleurs vendeurs vous le diront: les clients s'attachent à vous, pas à votre organisation. Donnez-leur satisfaction et ils vous suivront. Même si leur domaine devient hétérogène au vôtre, vous pourrez faire appel à eux pour quelqu'un dans le besoin. Vous aurez apporté une solution et amélioré vos relations avec deux personnes à la fois, même s'il n'y a pas d'avantage immédiat pour vous.

Rencontrez des gens importants à ajouter à votre réseau. Établissez et gardez un bon contact avec des collègues, partenaires, clients qui pourraient éventuellement vous ouvrir des portes ou même devenir vos mentors. Peu importe où vous en êtes dans votre vie, des personnes à connaître vous attendent. Faites en sorte de les ajouter à votre réseau de contacts.

Opportunité 4 - Les opportunités émergentes

Dans un emploi comme dans la vie, rien n'est statique, même si on a parfois l'impression du contraire.

Un vrai pirate doit apprendre à lire la mer, à sentir le vent qui change, à reconnaître les indices d'une tempête qui s'en vient et à faire la différence entre une proie et un piège.

Pour un Pyrate avec un y, c'est pareil! Il doit sentir les changements dans l'entreprise, détecter si une personne a besoin d'un coup de main, saisir une opportunité de remplacement, régler un problème récurrent, etc. Tous ces événements mineurs sont autant d'opportunités émergentes pour se repositionner, se redéfinir et même revoir son rôle entièrement au sein de l'entreprise.

Naturellement, de telles opportunités seront rarement des occasions en or taillées sur mesure pour vous, ou offertes sur un plateau d'argent. Dans la plupart des cas, vous devrez vous demander si vous prendrez le risque de vous impliquer ou de vous porter volontaire.

RISQUE, un mot qui fait peur.
Mais la nature du risque n'est-elle pas l'opportunité?

Un remplacement pour un congé de maladie est une opportunité contrôlée qui vous permettra de rencontrer de nouvelles personnes. Un problème est une chance offerte de participer à l'élaboration de sa solution. Dans tous les cas, vous vous distinguerez. Vous serez la personne qui prend le contrôle de sa destinée et qui sort de sa zone de confort pour apprendre et rendre service. Brillez!

Au pire, vous performerez en-deçà de vos attentes et votre expérience ne sera pas aussi enrichissante que vous l'aviez cru au départ. Sauf que lorsqu'on se porte volontaire pour donner un coup de main, on se retrouve rarement en mauvaise posture, à moins d'avoir mis le feu à la bâtisse par pure négligence.

Les avantages à gagner, eux, sont nombreux. Non seulement vous gagnerez de l'expérience et potentiellement de nouvelles compétences, mais vous pourriez vous vous voir offrir une promotion. De plus, vous découvrirez d'autres aspects de l'entreprise, des mentors ou des alliés. Vous ne savez jamais où l'émergence peut vous mener.

De plus, vous vous prouverez à vous-mêmes que vous n'avez pas besoin de tout connaître pour réussir à obtenir des résultats satisfaisants. Être confronté à des situations émergentes développera votre capacité d'adaptation, au point où l'émergence ne vous fera plus peur et deviendra plus confortable que l'illusion de stabilité.

C'est le secret de vos Pyrates favoris. La plupart du temps, on n'a aucune idée de ce qu'on fait. Nous avons confiance qu'avec notre expertise, notre expérience et notre perspective, nous allons arriver à bon port, même si la coque fuit et que les voiles ont éventées.

Chercher la transversalité

Une compétence transversale est une compétence qui pourra servir sous une forme similaire dans des domaines ou des industries variés.

Leadership ou finance. Capacité à convaincre ou à planifier. Organisation du travail et gestion de projets. Ce sont tous des exemples de compétences transversales précieuses.

Nous avons déjà parlé de la transversalité, mais ce concept est tellement fondamental pour votre orientation que nous y revenons une dernière fois.

Pour le bien de votre carrière à long terme, développez TOUJOURS davantage les compétences transversales que les compétences ultra-spécialisées spécifiques au poste que vous occupez présentement. TOUJOURS.

Une compétence transversale vous ouvrira la porte à des postes plus intéressants, à de nouveaux domaines d'expertise ou à de nouvelles industries. Vous deviendrez plus polyvalents et aptes à générer une valeur tangible..

Mise en situation. Disons que votre avion s'écrase au milieu d'une forêt et que vos compétences de survie sont nulles. Si vous savez identifier et gérer les priorités, prendre des décisions rapidement à partir d'informations partielles et utiliser l'intelligence collective de vos compagnons, cela vous aidera à vous en sortir. Ces compétences transversales sont aussi pertinentes au bureau que dans cet environnement hostile.

Ces apprentissages sont à la portée de tous, peu importe vos fonctions actuelles. Faites l'inventaire des compétences nécessaires à votre poste et identifiez celles qui pourraient être utiles dans d'autres contextes. Si vous n'en relevez aucune, c'est un signe que ce poste ne peut rien vous apporter.

Demeurez également à l'affût des opportunités émergentes et saisissez-les dès que possible. Par exemple, offrez à un gestionnaire de projet de l'aider dans la gestion de son budget pour en apprendre un peu plus sur les chiffres. Portez-vous volontaire en tant que technicien pour aider les gens en marketing à présenter les capacités de votre produit et au passage, améliorez vos talents en communication persuasive.

Que faire des compétences qui ne sont pas transversales? Ça dépend de votre engagement à long terme dans votre poste. Si vous ne souhaitez pas en faire une carrière, alors allouez le minimum d'effort nécessaire pour faire correctement votre métier aux compétences spécialisées. Imaginez un cuistot qui apprend les recettes servies dans sa cafétéria, sans plus. Si, au contraire, vous souhaitez en faire votre carrière, alors allez-y à fond de train. Étudiez le fondement de vos compétences techniques et pas seulement leur application. De cette façon, vous développerez votre maîtrise beaucoup plus rapidement. Vous êtes comme le chef qui comprend le fonctionnement de la réaction de Maillard et qui peut l'utiliser dans plusieurs contextes, plutôt que de se limiter bêtement aux instructions de la recette.

Demandez-vous donc quelle est votre destination. Ensuite, vérifiez ce que vous pouvez tirer de votre milieu actuel pour atteindre cet objectif. Laissez tomber ce qui ne peut pas vous servir ailleurs, puis concentrez-vous sur les compétences durables à développer maintenant.

Le temps pour apprendre et expérimenter

Comme mentionné précédemment, à partir du moment où vous souhaitez pyratiser votre carrière, votre but premier est d'augmenter votre maîtrise des compétences transversales qui vous intéressent.

Cette maîtrise est très importante pour vous créer une fondation solide et adaptable, qui vous propulsera plus loin et qui vous permettra de faire pivoter votre carrière au besoin. Cette maîtrise sera votre pierre d'assise pour faire face aux changements rapides et à l'incertitude sans avoir l'impression d'être en chute libre.

Il faut dépasser la formation théorique. Vous devez mettre votre savoir en pratique et ce, dans le maximum de contextes possibles. Vous devez tester les limites de ce savoir. Chaque contexte en dévoilera les forces et les faiblesses. Vous devez dompter ce savoir pour qu'il devienne comme une seconde nature, même si votre maîtrise n'est pas totale. Soyez confortables avec le savoir que vous possédez, tout en gardant l'esprit ouvert et curieux.

Vous avez un emploi? Profitez-en donc pour avancer vers votre objectif. Approfondissez et diversifiez vos connaissances. Mettez-les en pratique et testez-les en situation réelle, dans un contexte où vous ne maîtrisez pas tous les paramètres. Votre développement avancera à la vitesse de l'éclair.

Allez chercher la connaissance

Quel est le meilleur moment pour apprendre? Tout le temps, maintenant, tout de suite!

Votre employeur vous offre des occasions en or d'apprendre (et il ne s'en rend peut-être même pas compte!):

- Abonnements à des plateformes de cours en ligne, que ces cours soient créés à l'interne ou disponibles sur une plateforme externe.

- Formateurs et coaches. Demandez d'y avoir accès et voyez ce qu'ils peuvent vous enseigner. Les coaches en particulier ont souvent une perspective large. Tirez-en profit!

- Mentorat. Un vétéran qui utilise couramment les compétences transversales que vous désirez ou qui occupe le poste que vous visez saura vous guider. Il sera probablement flatté d'être votre mentor.

Si rien n'est disponible en entreprise, profitez de votre stabilité et de votre salaire pour vous former par vos propres moyens:

- Abonnez-vous à une plateforme de formation en ligne.
- Suivez des experts via leur blogue, chaîne vidéo ou podcast.
- Prenez un cours dans un établissement d'enseignement.
- Joignez-vous à un mastermind, un groupe de discussion égalitaire où des gens intéressés par le même sujet vont partager leurs connaissances, expériences et perspective dans un but d'amélioration collective.

Créez vos propres situations de pratique

La mise en pratique est la clé pour transformer une expertise en maîtrise. Helmuth Karl Bernhard von Moltke, un maréchal prussien, a dit qu'aucun plan de bataille ne résiste au premier contact avec l'ennemi, et c'est bien vrai. La théorie ne nous prépare pas vraiment à la pratique et à son lot d'imprévus.

Mettez en pratique vos compétences chez votre employeur:

- Créez vos petites expériences contrôlées, et ce, sans nécessairement demander la permission. Testez vos hypothèses, tentez de dénicher de meilleures façons de faire et trouvez la solution la moins pire à un problème. En clair, explorez, apprenez et amusez-vous selon vos propres règles. Ça peut sembler contre-intuitif, mais les chances sont que vous deviendrez rapidement beaucoup plus efficace et performant dans votre poste. Ceci dit, certains patrons n'apprécieront pas que vous soyez performants selon vos propres critères et interviendront pour vous rappeler à l'ordre. Flattez son égo un peu, qu'il vous laisse tranquille, et reprenez vos expériences.

- Inventez le poste que vous souhaitez avoir dans l'entreprise. Cette seconde option demande un peu d'effronterie. Définissez ce que vous aimeriez faire pour apporter le maximum de valeur à votre employeur. Bien entendu, cette définition doit aussi vous plaire. Préparez-vous à affronter votre patron en utilisant l'approche pour vendre vos idées mentionnée précédemment. Allez le convaincre de créer ce poste sur mesure pour vous.

Les possibilités sont plus limitées? Comme pour la formation, profitez de la stabilité relative de votre emploi et de vos deniers pour aller chercher votre expérience ailleurs:

- Devenez bénévole pour un organisme à but non-lucratif (OBNL) dont vous aimez la mission et qui a besoin des compétences que vous souhaitez mettre en pratique.

- Partagez votre savoir avec d'autres. Lancez un blogue ou un podcast. Devenez le mentor de gens moins avancés sur les compétences que vous souhaitez mettre en pratique et utilisez leur contexte pour développer votre perspective.

- Une autre option est de créer votre propre entreprise à temps partiel. De nos jours, se lancer en affaires ne requiert qu'une connexion internet, un ordinateur ou un téléphone, un besoin à combler et un peu de discipline. Ne visez pas à remplacer votre job. Le but, c'est de vous pratiquer. Les nouvelles sources de revenus deviendront une partie de votre antifragilité.

En résumé, quand on a peu à perdre, c'est beaucoup plus facile de prendre quelques risques. Il n'est pas question de grands risques. Juste de petits risques, contrôlés, dont les bénéfices mèneront loin, mais pour lequel l'échec serait bénin. Rappelez-vous: les mauvais emplois sont légion et sont faciles à obtenir. Si vous en avez un, vous n'avez pas grand chose à perdre.

Savoir quand partir

Les indicateurs pour un emploi qui vous convient

Plusieurs hésitent longuement avant de quitter un emploi déplaisant. Certains attendent qu'il devienne insupportable, jusqu'à ce qu'il soit trop tard. Et c'est le burn-out ou la dépression qui les guettent.

Alors, quand devez-vous quitter votre emploi?

Cette question, il est important de vous la poser régulièrement et de réévaluer souvent la pertinence de votre travail. Pas seulement après votre évaluation annuelle.

Voici des indicateurs pour vous guider.

1. L'équilibre entre vos besoins et vos gains est-il satisfaisant?
2. Les opportunités à l'interne sont-elles de qualité?
3. Avez-vous de l'impact?
4. Ressentez-vous de la satisfaction au travail?

Parce que ces indicateurs sont cruciaux, nous vous les expliquons plus en détails aux prochaines sections. Prenez des notes; ce sont des informations très importantes.

Évaluer la corrélation entre vos besoins et vos gains

En fait, cet indicateur pourrait se résumer par cette question qu'on entend très souvent : est-ce que vous vivez pour travailler ou vous travaillez pour vivre? Gagnez-vous assez ou plus que ce dont vous avez besoin? Combien donnez-vous (temps, énergie, investissement) en comparaison de ce que vous retirez? Y a-t-il un équilibre, un gain?

Vous levez-vous péniblement, chaque matin, pour aller travailler et mettre du pain sur la table?

Vivez-vous volontairement dans une cage dorée, pour conserver les quelques petits avantages que vous offre votre employeur?

Dans les deux derniers cas, vous n'avez aucune raison de rester. Ça n'a pas toujours été le cas, mais aujourd'hui, vous avez le choix. Beaucoup croient à tort qu'ils n'ont pas d'options, qu'ils doivent endurer leur situation et souffrir. Mais ce n'est plus vrai. S'épanouir au travail est devenu important ET possible.

Voilà une des raisons de faire le point fréquemment sur vos obligations financières.

Faites une liste par écrit. Certaines de vos obligations ne sont pas aussi nécessaires que vous le pensez. Vous pourrez en éliminer certaines pour vous donner un petit peu de marge de manœuvre pour faire des choix différents, davantage axés sur votre bien-être, plutôt que sur l'argent.

Par exemple, avez-vous vraiment besoin du dernier vélo ultra performant si vous n'êtes pas un athlète? Si oui, assurez-vous d'avoir les moyens de vous l'offrir. Sinon, peut-être pourriez-vous choisir celui de l'an passé ou d'une gamme moyenne?

En examinant votre liste d'obligations, demandez-vous s'il y a des choses que vous continuez à payer, même si vous ne les utilisez plus vraiment. Si vous vous arrachez les cheveux pour être en mesure de payer votre chalet et que vous n'y allez que pendant les vacances deux fois par année, est-ce que ça en vaut vraiment la peine?

Allégez votre liste d'obligations financières. Cela vous donnera le jeu dont vous avez besoin pour vous délier les mains et prendre action!

Évaluer la qualité de vos opportunités

Dans un emploi, bien des opportunités s'offrent à nous. Des opportunités d'apprendre et des opportunités de progresser. Dans un nouvel emploi, la courbe d'apprentissage est fort prononcée et s'aplanit avec le temps. Après quelques années, apprendre devient plus difficile et demande beaucoup plus d'efforts.

Il en va de même pour la progression de votre carrière au sein d'une même entreprise. Plus on monte, plus c'est difficile de continuer à monter. On peut parfois considérer une promotion latérale, où on ne grimpe pas les échelons de la hiérarchie. Cela permet justement de se perfectionner.

Cependant, lorsqu'on sent qu'on a fait le tour des opportunités d'apprentissage et de progression de notre carrière, il est temps de penser à faire quelque chose de nouveau. Le réflexe pourrait être de changer d'entreprise, mais on peut aussi changer de département. Certains pourront proposer la création d'un nouveau produit ou service, voire d'un nouveau département au sein de l'entreprise. Tout cela vaut mieux que de stagner.

On ne se rend pas toujours compte que les activités que l'on pratique ne nous apportent plus de bénéfices. Réaliser que la qualité des opportunités n'est plus celle dont on avait besoin à une autre époque demandera une réflexion plus longue dans ces cas-là. Vous ne devrez pas nécessairement quitter votre emploi, mais c'est habituellement un bon indice.

Si vous n'apprenez plus rien de neuf au boulot et que vous êtes obligé de trouver des sources de connaissances à l'extérieur des heures de travail, c'est également un signe que vous avez fait le tour.

Si vous ressentez un blocage, que vous ne pouvez plus rien faire par vous-même pour progresser et qu'on vous empêche d'avancer, c'est le moment d'agir.

Avez-vous l'occasion de réseauter, autant à l'interne qu'à l'externe? Malgré le fait que de nouvelles arrivées ponctuent votre vie au travail, si vous n'avez pas régulièrement l'occasion de rencontrer de nouvelles personnes intéressantes, des clients, des partenaires ou des collègues, vous avez probablement épuisé ce type d'opportunités dans votre environnement professionnel. Si vous devez faire votre réseautage à l'extérieur du travail parce que votre travail est trop contraignant, ça peut être un signe que votre emploi ne vous convient plus.

Passez à la préparation de la prochaine étape de votre carrière. Mettez vos pions en place pour avoir une promotion, être transféré dans un autre département ou même pour trouver un meilleur emploi ailleurs.

Évaluer votre impact

Faites le point régulièrement sur votre impact au travail. En entreprise, la fréquence est généralement 1 fois l'an, lors de l'évaluation annuelle. Ne laissez pas votre employeur être la seule entité qui mesure votre impact.

Quel impact avez-vous sur les gens autour de vous? Êtes-vous capable de les aider, de les débloquer, de leur donner des super-pouvoirs? Avez-vous un impact réel sur l'organisation? Avez-vous assez d'influence pour proposer des choses et les mettre en place? Pour faire des expériences?

Quel est votre impact sur votre communauté? Votre ville, votre région, votre pays, le monde? Apportez-vous quelque chose de positif et de souhaitable pour ceux qui vous entourent?

Retenez les mots « positif » et « souhaitable ».

Vous savez, c'est facile d'avoir un impact dans la vie de votre patron en vous assurant que la Banque X soit capable de saisir Y nombre de maisons par année parce que des gens ont des difficultés financières. Mais est-ce bien? Dormez-vous bien la nuit?

Si votre vie professionnelle se résume à une longue série d'interdictions d'agir ou sert une petite élite au détriment de la communauté, c'est l'heure d'une remise en question.

Évaluer votre niveau de satisfaction

Êtes-vous satisfait de votre vie? Quel est votre niveau de satisfaction? Vous sentez-vous libre? Partout? Est-ce que votre emploi vous aide à vous sentir libre ou avez-vous l'impression de constamment traîner un boulet?

Vous êtes peut-être enfermé dans une cage dorée. C'est-à-dire que votre travail comble tous vos besoins matériels, mais que vous vous sentez prisonnier. Vous gardez votre job parce que la paie est bonne, les avantages sociaux sont intéressants… mais êtes-vous heureux? Êtes-vous libre? Êtes-vous satisfait de votre vie? Est-ce que votre job vous donne envie de vous lever le matin? Pour l'instant, ça vous suffit peut-être, mais pour combien de temps selon vous?

Pour éviter de vous retrouver dans le piège de la cage dorée, bâtissez un plan. Connaître vos désirs vous permet de mesurer combien votre niveau de satisfaction ou votre situation actuelle influence vos objectifs.

N'oubliez pas que c'est vous qui avez la clé de votre cage. Ne la lancez pas par la fenêtre.

Redéfinir et rediriger votre carrière

Comprendre votre désir de changement

Ce n'est pas tout de vouloir redéfinir ou rediriger sa carrière. Il faut aussi comprendre pourquoi. Êtes-vous arrivé au point de non-retour?

Le point de non-retour peut se pointer dans différentes situations :

- Vous n'accordiez pas d'importance à une situation alors que maintenant vous ne pouvez plus la tolérer.
- Vous n'avez plus de respect pour votre patron.
- La perspective de vous blesser ou de tomber malade semble plus intéressante que de travailler.

Lorsque vous vous approcherez du point de non-retour, vous ressentirez un malaise diffus. Au début, votre réflexe sera de vous battre contre ce sentiment. Vous vous donnerez des excuses pour éviter de faire des vagues.

Mais une fois que vous réalisez que vous avez atteint le point de non-retour et que vous l'acceptez comme un fait, vous devrez rapidement établir un plan. Servez-vous du livre que vous avez entre les mains pour vous aider à rédiger ce plan. Suivez les étapes proposées.

Que voulez-vous obtenir? Quelle est votre mission? Quelle est votre boussole? Qu'est-ce qui vous anime? Pourquoi agir dans un sens plutôt qu'un autre?

Définissez ce qui est important pour vous. Décidez qui vous souhaitez être présentement, pas dans le passé, ni dans l'avenir. Partez de là pour bâtir votre plan. En bout de ligne, en ayant fait votre plan, vous vous rendrez peut-être compte que vous êtes bien où vous êtes, mais que vous devez apporter quelques changements.

Cependant, si vous prenez le temps de faire un tel exercice, c'est qu'il y a un problème plus grand. Les chances sont qu'il est temps de changer d'emploi ou de prendre en main votre vie professionnelle.

Vous n'êtes pas sûr d'avoir atteint votre point de non-retour ou de vous en approcher? Analysez vos indicateurs. Ils vous permettent d'aborder le problème avec du recul, en excluant d'abord les émotions qui peuvent altérer les résultats. S'ils sont généralement négatifs, les chances que vous ayez dépassé votre point de non-retour sont hautes. Dans ce cas, décortiquez votre plan en petites étapes. Il sera plus facile d'avoir une idée claire des actions que vous devez entreprendre pour améliorer votre situation.

Réviser votre positionnement

Si vous avez passé votre point de non-retour et avez compris qu'il est temps de changer, ne partez pas en peur. Commencez par réviser votre positionnement en vous demandant où vous en êtes en ce moment.

Quelle est votre histoire? Qu'est-ce que vous voulez raconter à propos de vous? Qui êtes-vous? Que voulez-vous? Prenez la peine de refaire cette démarche, même si vous l'avez déjà faite par le passé. Tout ça peut avoir changé drastiquement et rapidement depuis.

Révisez votre boussole

- Qu'est-ce qui vous engage ?
- Qu'est-ce qui vous enrage?
- Qu'est-ce qui vous guide?
- Quelle est la ligne qu'on ne doit pas dépasser avec vous?
- Qu'est-ce que vous seriez prêt à défendre de manière passionnée?

Le but ultime de la boussole est d'arriver à expliquer facilement à quelqu'un qui ne vous connaît pas qui vous êtes. Ce sera également une aide précieuse pour établir vos indicateurs.

Revisitez votre mission

- Que cherchez-vous à accomplir?
- Pour quelles raisons faites-vous ce que vous faites dans la vie?

C'est le genre de questionnement simple qu'on a tendance à ne pas faire assez souvent.
Pourtant, il arrive que, sans nous en rendre compte, nous nous éloignions de notre mission ou que notre mission ne nous corresponde plus. C'est une évolution normale. Il s'agit d'en être conscient.

Prenez aussi en considération votre *ikigai*

- Où êtes-vous aujourd'hui?
- Où désirez-vous aller?

Si vous avez l'impression que vous êtes décentré de votre ikigai, examinez les opportunités qui se trouvent devant vous. Que pourriez-vous faire d'autre dans la vie qui vous amènerait davantage au centre de votre ikigai? Il est possible que votre position soit statique, mais que les quatre autres facteurs autour aient changé avec le temps.

ET SI...

Beaucoup de gens vivent de l'anxiété et s'imaginent mille et un scénarios de ce qui pourrait arriver : « Oui, mais tout d'un coup que... et si? » Si c'est votre cas, habituellement, on vous dirait d'arrêter d'avoir peur d'un futur imaginaire. Mais aujourd'hui, on vous propose plutôt de vous poser cette question-là.

Nous vous le recommandons encore plus si vous êtes un peu trop confortable dans la situation dans laquelle vous vous trouvez présentement.

Réfléchissez à ce qui pourrait être différent. Posez-vous des questions sur vos avenues potentielles. Inventez des scénarios différents pour analyser quels éléments vous pourriez changer dans votre situation actuelle, en commençant par ceux qui ne vous satisfont pas.

Ne vous égarez pas en créant une variété de plans de carrière. Imaginez simplement des univers alternatifs ou des scénarios « what if ». Établissez ensuite votre position actuelle et le chemin à prendre pour vous rendre à votre destination idéale.

Voici des exemples de questions à vous poser :

- Qu'arriverait-il si j'avais besoin de moins d'argent?
- Qu'arriverait-il si je voulais avoir plus de liberté?
- Qu'arriverait-il si je travaillais 3 jours par semaine?
- Qu'arriverait-il si je décidais de me lancer à mon compte?
- Si je décidais de poursuivre une passion, est-ce qu'elle pourrait fusionner avec la profession que j'exerce présentement?

Une fois que vous avez réfléchi et imaginé les différents scénarios possibles, il est temps de passer à l'action. Transformez les « si » en opportunités.

Nous vous avons beaucoup parlé des petites expériences contrôlées. Eh bien, c'est ce que vous allez faire maintenant. Vous allez transformer chaque « et... si » qui vous font rêver en activité secondaire (side hustle). Vous commencerez à les pratiquer pour avoir un revenu d'appoint et faire des tests. Est-ce que ça se fait ou non? Est-ce que ça peut vous rapporter de l'argent? Devenir une opportunité de carrière?

C'est la même technique pour les nouveaux apprentissages que vous voulez faire. Comment atteindre votre objectif? Est-ce qu'un stage informel serait intéressant? Voulez-vous investir vos vacances à travailler pour un groupe d'aide dans un autre pays?

Parfois, il suffit de demander pour que les occasions se présentent. Trouvez-vous un mentor ou un coach pour vous accompagner dans votre apprentissage et vous pousser à passer à l'action.

Convoquer le conseil

Quand on songe à faire un changement dans sa vie, on a peur de ne pas prendre la bonne décision. Avant de faire quoi que ce soit, consultez les gens qui subiront les conséquences de votre décision. Les membres de votre entourage se soucient sûrement de votre bonheur et de votre succès, mais vous devez vous soucier d'eux également. Prenez leur avis en considération.

N'oubliez pas que si vous échouez, vous traverserez ensemble ce moment difficile. Ils ne détiennent pas nécessairement la vérité (pas plus que vous), mais ils apporteront des points de vue différents du vôtre, ceux de personnes qui tiennent à vous et veulent votre bonheur.

Une fois que vous aurez pris en considération leurs opinions, internalisez-les. Puis, réfléchissez à votre position.

Vous pouvez aussi vous amuser au jeu des « et si » avec eux. Vous pouvez, par exemple, évaluer ensemble les ouvertures et les avantages de prendre l'une ou l'autre décision professionnelle.

Si vous êtes fondamentalement contre leur opinion, ce n'est pas une mauvaise chose. Ça vous force à réfléchir encore plus pour comprendre leur point de vue et le vôtre. Vous prendrez un peu de recul. Relativisez l'importance de votre idée et de leur point de vue.

C'est le genre de réflexion nécessaire pour avancer. Au bout du compte, même si tout votre conseil vous aiguille dans une direction, c'est vous qui devrez prendre la décision finale.

Quitter son emploi - mode d'emploi

L'analyse est complète et votre décision est définitive. Maintenant, préparez votre départ.

Rassurez-vous, ce n'est pas obligé d'être difficile. On complique souvent inutilement les choses parce qu'on redoute d'annoncer la nouvelle à des collègues que l'on adore. On ne veut pas être perçu comme un traître ou un lâcheur.

Laissez de côté l'aspect émotif; c'est une décision d'affaires. Rappelez-vous plutôt votre processus d'analyse et ses conclusions, spécialement en ce qui concerne les impacts négatifs de votre emploi sur vous.

Malgré tout, remettez votre démission avec respect et tact. N'oubliez jamais que tout peut revenir contre vous. Évitez de ressasser ce que vous n'aimez plus de votre emploi. Pensez à ce que vous avez acquis au travail ou au sein de cette entreprise. Est-ce que vous vous êtes fait un réseau de contacts? Des amis? Est-ce que vous avez gagné certains avantages? Fait des apprentissages intéressants? Assurez-vous de partir en bons termes. Bâtissez des ponts. Vous ne savez pas quelles relations pourront vous aider dans l'avenir.

Évidemment, ça ne veut pas dire de mentir. Si vous avez une entrevue de départ, soyez honnête. Dites la vérité quant aux réelles raisons de votre départ, de façon diplomate. Certains hauts dirigeants ne sont peut-être pas au courant de l'une ou l'autre situation et seront très heureux que vous les mettiez au parfum.

Prévenez vos patrons et les membres de votre équipe dans des délais raisonnables. Essayez de laisser vos choses en ordre pour éviter de causer plus de douleur que nécessaire à l'organisation ou aux collègues.

Laisser un emploi n'est pas toujours quelque chose de négatif. Si c'est possible, positionnez-vous en allié au moment de partir.

Par exemple, vous pourriez offrir de former votre remplaçant pendant votre période de préavis.

Conservez précieusement vos acquis, même si vous partez : les gens que vous avez appris à connaître, les amis ou les alliés que vous vous êtes faits, les clients que vous avez rencontrés… Continuez votre relation avec eux. Qui sait où ça peut vous mener un jour? Si possible, gardez une saine relation avec l'organisation que vous quittez, surtout si ça en vaut la peine. Il arrive très souvent que les gens qui se lancent en affaires aient pour premier client leur ancien employeur.

Vos premiers pas sur un nouveau chemin

Vous avez un nouvel emploi. Félicitations! Voyons maintenant comment partir du bon pied.

Premier conseil

Multipliez les petites expériences contrôlées. Aucune des initiatives que vous allez prendre n'a besoin d'être très risquée ou très coûteuse.

Essayez de nouvelles choses, testez de nouvelles idées, allez chercher l'information dont vous avez besoin. C'est à ça que servent les petites expériences contrôlées. Vous n'en ferez jamais trop et il n'est jamais trop tôt ou trop tard pour commencer à en faire.

Deuxième conseil

N'ayez pas peur. À un moment donné, le bonheur que vous tirerez de ce changement dépend de vous. Vous pouvez choisir d'avoir peur tout au long du processus ou vous lancer avec curiosité.

La meilleure façon de combattre la peur et de reprendre le contrôle, c'est de vous mettre en action.

Troisième conseil

Même si vous venez de passer à une nouvelle étape, ça ne veut pas dire que vous pouvez vous asseoir sur vos lauriers.

Vous devez continuer à réseauter, à être à l'affût des différentes opportunités, à cultiver des relations, à garder des portes ouvertes. Vous en aurez toujours besoin, et ce, tout au long de votre vie pour vous ou pour aider autour de vous.

Vous serez toujours en transition. Vous ne serez jamais arrivé à destination. Le bonheur est un fruit saisonnier qu'on fait pousser ou qu'on nous offre. Savourez-le quand il est là et quand il disparaît, l'important, c'est que vous sachiez qu'il va revenir.

Le bonheur se trouve dans l'action et dans la prise de contrôle de votre vie. C'est au moment où vous commencez à agir pour changer qu'il se pointe le bout du nez.

Le bonheur se trouve dans vos expériences, dans ce moment incroyable où vous commencez à bâtir la prochaine étape de votre vie.

Le bonheur est dans l'action, alors soyez toujours actif, toujours dynamique. Jamais statique.

Et surtout, soyez toujours de vrais Pyrates!

Conclusion

Le monde du travail est dur

Au fil des ans, la tendance des entreprises à vouloir générer des profits exponentiels les a poussés à faire des choix de plus en plus drastiques pour extraire le maximum de valeur des clients, des fournisseurs et des employés.

Nous sommes les témoins désabusés de la dégradation de nos options, de nos avantages et de notre agentivité. Nous sommes devenus des « ressources humaines », à exploiter comme n'importe quelle autre ressource. Même ceux qui ont un certain pouvoir ont en fait peu de liberté. Nous, travailleurs, sommes devenus un « mal nécessaire » pour ces entreprises, une dépense inévitable dont elles préféreraient se passer.

Cette situation est possible parce que nous la laissons se produire. Nous avons été habitués (entraînés même!) à être de bons engrenages de la machine depuis notre tendre enfance. Il est temps que ça cesse.

Go Pyrate! a été fondé pour aider les gens à retrouver leur agentivité et prendre contrôle de leur propre narratif. Le show (en vidéo sur YouTube et en audio sur les plateformes de podcast) et le livre vous montrent qu'il y a de l'espoir et vous donnent les outils dont vous avez besoin.

Rappelez-vous toujours que les entreprises qui vous utilisent sans scrupules ont néanmoins besoin de gens comme vous pour opérer. Privées de main-d'œuvre, elles ne peuvent survivre et prospérer!

C'est une leçon que bien des travailleurs ont apprise durant la pandémie de COVID-19. Isolés à la maison, ils ont réalisé que la production de valeur prend beaucoup moins de temps que ce qu'on leur avait fait croire. Ils eurent du temps pour réfléchir. Ils se sont questionnés…

Pourquoi consacrer leur vie à des emplois insatisfaisants, pour des employeurs qui n'hésitent pas à les espionner avec des logiciels pour comptabiliser leur « productivité » en se basant sur des indicateurs bidon? Tout ça par besoin de contrôle. Tout ça parce que les employeurs ont peur que leurs vilains employés abusent d'eux comme ils ont abusé de leurs employés pendant des années. Tout ça parce qu'ils ont peur que leurs employés réfléchissent à leur condition.

Cette situation nous a menés directement à la Grande Démission. Environ la moitié de la population active en a eu assez et s'est cherché de meilleures opportunités. Quand les opportunités ne sont pas assez attrayantes, plusieurs se lancent en affaires ou se retirent simplement du marché de l'emploi pour un temps.

La conséquence est une pénurie de main d'œuvre dans plusieurs secteurs d'emploi. Bien que certains domaines de spécialistes souffrent de la pénurie, celle-ci frappe particulièrement les domaines où les conditions de travail sont les moins intéressantes. Quelle surprise! Les entreprises dont le modèle d'affaires repose sur l'exploitation des employés font ainsi face à un défi sans précédent et plusieurs doivent fermer leurs portes.

Est-ce une mauvaise chose? Non.

Les entreprises qui mettent l'humain au cœur de leurs préoccupations s'en sortent mieux et attirent beaucoup plus de candidats qu'auparavant. De nouvelles entreprises humaines voient le jour, fondées par des employés défroqués qui en ont eu assez d'être traités comme des consommables. L'avenir économique de notre société et notre propre avenir en tant que travailleurs se trouvent peut-être là. Il suffit qu'en tant que travailleurs et consommateurs, nous fassions les bons choix.

Nous espérons que ce livre aura su mettre en valeur les outils et les pratiques qui vous permettront de vous développer rapidement et de prendre une part active dans la refonte du monde du travail.

Remerciements

La création de ce livre a été rendue possible grâce à une campagne de sociofinancement. Naturellement, le travail s'est avéré plus long que prévu. Merci à tous les participants pour leur contribution et leur patience.

A
Jerôme Adam
Hélène Aubard
Jean-Francois Aubin

B
Daniel Baudry
Dominic Beaubien
Pascal Beaudoin
Marie-Hélène Bélanger
Mathieu Bergeron-Legros
Denis Boisvert
Lisa Bolduc
Odile Bonnefoy
Caroline Bourbeau
Didier Bosset
Luc Bouchard
Pier-Luc Boucher
Maël Boulet-Craig
Caroline Boyce
Laurence Brablin
Benoit Brihaye
Claire Brochu
Serge Bruneau
Julie Brutinel

C
Pierre-Maurice Cano
Jimmy Carroll
Marie-Josée Caya
Marie-Eve Champagne
Marlène Chatigny
Houda Chilla

Jimmy Cloutier
Sebastien Cloutier
Manon Codère
Sonia Colombi

D
Dina Daher
Tanya Damien
Lise D'amours
Frédéric Dehin
Patrick Demers
Charles-Louis de Maere
Michel de Montigny
Laurent Desechalliers
Imrane Dessai
Geneviève Dulude
Denis Dumouchel
Florian Duplessis
Isabelle Dupuis
Valérie Duval

F
Olivier Farlotti
Yahia Fellah
Cyndie Feltz
Christelle Ferret
Nathalie Ferron
Yannick Fintoni
Denis Fortier
Olivier Fortier
Tommy Fortier
Elise Fravallo
Karine Fréchette

G
Simon Gaboury
Fabien Gandit
Valerie Gascon-Bruneau
Simon Gauthier
Jean-Christophe Guay
Alex Gbessi
Éliane Gilbert
Henri Giordano
Benoit Grégoire
Mathieu Grzybek
Aby Gueye
Gabriel Guimond-Prévost

H
Sophie Harvey
Lyne Hebert
Sylvie Henry
Leila Hertzog
Sophie Hocquard
Eric Hogue

J
Michael Jacques
Sarah Jodoin-Houle

K
Serge Kassabian

L
Stéphane LaBarre
Danny Lacerte
Josee Labrie
François Lachance
Maxime Lamarche
Valérie Lamothe
Sulian Lanteri
Alexandre Laquerre
Xavier Lasserre

Simon Latour
Guillaume Laurie
Pierre LeBlanc
Clément Leclaire
Audrey-Anne Leclerc
Jérôme Lecorbeiller
Christophe le Dorze
Olivier Leduc
Maurice Lefebvre
Philippe Legault
Sébastien Le Maréchal
Simon Loiselle
Sophie Lubet
Yanik Lupien

M
Samuel Maes
Siva Martinez
Reda Moussaoui
Steve Mercier
Solène Métayer
Karl Métivier
Nadine Métivier
Corinne Meunier
Pascal Meunier
Déal Mikaël
Carl Milette

N
Aurore Nicolet
Meredith Noel
Christophe Noualhat

P
François Pelletier
Dylan Pereira
Etienne Poirier
Marc Polizzi
Daniel Polombo
Chantal Proulx

Raphael Provencal
Pascal Prudent

Q
Sylvain Quirantes

R
Pierre-Luc Roberge
Josée Robillard
Anders Rojewski
Annaël Rousseau
Julien Roux
Patrick Roux
Anthony Roy

S
Cédric St-Amand
Lukas St-Germain
Melissa St-Louis
Julie Savage-Fournier
Simone Struminski

T
Phuong-Vy Ta
Émilie Therrien
François Tournon
Jean-Luc Trepanier
Sebastien Trudel
Kathy Turcotte
Marie-Claude Turcotte

V
Mathieu Vadnais
Catherine Vallée
Karine Vienneau
Dimitri Vincent

Maurice Lefebvre
Olivier Fortier